Lições
do papa Francisco

Lições
do papa Francisco

INSPIRAÇÕES PARA
UMA VIDA MELHOR

Organização
Carolina Chagas

Copyright © 2019 by Libreria Editrice Vaticana

O selo Fontanar foi licenciado pela Editora Schwarcz S.A.

Grafia atualizada segundo o Acordo Ortográfico da Língua Portuguesa de 1990, que entrou em vigor no Brasil em 2009.

CAPA E PROJETO GRÁFICO Claudia Espínola de Carvalho

IMAGEM DE CAPA Solomnikov/ Shutterstock

ILUSTRAÇOES DE MIOLO Artista desconhecido com a assinatura F.M.S./ Renata Sedmakova/ Shutterstock

PREPARAÇÃO Bruna Gomes Ribeiro

REVISÃO Renata Lopes Del Nero, Luciana Baraldi

Dados Internacionais de Catalogação na Publicação (CIP)
(Câmara Brasileira do Livro, SP, Brasil)

Francisco, Papa
   Lições do papa Francisco : inspirações para uma vida melhor /
Papa Francisco ; organização Carolina Chagas — 1ª ed. — São Paulo :
Companhia das Letras, 2019.

   ISBN 978-85-8439-133-2

   1. Francisco, Papa, 1936- – Mensagens 2. Inspirações – Aspectos
religiosos – Cristianismo 3. Palavra de Deus 4. Reflexões 5. Vida cristã
I. Chagas, Carolina. II. Título.

18-23165	CDD-248.4

Índice para catálogo sistemático:
1. Ensinamentos : Francisco, Papa : Cristianismo 248.4

Iolanda Rodrigues Biode – Bibliotecária – CRB-8/10014

[2019]
Todos os direitos desta edição reservados à
EDITORA SCHWARCZ S.A.
Rua Bandeira Paulista, 702, cj. 32
04532-002 — São Paulo — SP
Telefone: (11) 3707-3500
facebook.com/Fontanar.br

SUMÁRIO

Como ler este livro   17

VIDA COTIDIANA

Chamar Deus de Pai: uma revolução   20
Deus só conjuga o verbo "amar"   21
Um Pai que não nos abandona   21
Meu pai está no céu?   22
Jesus nos acompanha   23
Para evitar a fé interesseira   23
Quem manda deve servir   24
Doação   25
Sobre a corrupção   25
Como evitar a corrupção   26
Sobre a amizade   26
Amar e respeitar   27
Sobre a paz   28
Guarda a fé e protege   28
A verdade vos libertará   29
Paciência   29
Diálogo e unidade   30
Sem medo da morte   30
Perdão 1   31
Perdão 2   31

Perdão 3   32

Perdão 4   32

Falar com amor   33

Doar   33

A cola que nos mantém unidos   34

Ame sem limites   35

A morte é uma herança   35

A virtude da esperança   36

Agentes de paz   37

Tatuagem   37

Integrar as religiões   38

Comunidade solidária   38

Mundo sem estrangeiros   39

Refugiados   39

Grande Pátria   40

Migrações   41

Integração dos migrantes   41

Migrantes: acolher, proteger, promover, integrar   42

A morte não é a última palavra   43

Olhar para dentro   44

Alegria das crianças   44

Importância dos avós   45

Bom exemplo   45

Jesus é gentil e humilde   46

Responder o mal com o bem   47

Atravessados por Deus   47

Felicidade   48

Adormecer ao rezar   48

Sobre a mulher   49

Maria, mãe   49

Construtores de pontes   50

Não use photoshop no seu coração   50

Todos temos algo para dar   51

Onde houver sofrimento, encontre compaixão   51

A esperança protege a vida   52

Sobre políticos   52

Deus nos criou para a alegria   53

Recorra a Jesus   53

Sonhar um mundo diferente   55

Humildade   55

Misericórdia   56

Cinco lições para ser um bom pai   57

O mundo como nossa casa   59

Jesus no centro de nossas vidas   59

As artes expressam a grandeza de Deus   60

Pequenos detalhes   60

Somos um "sim"   61

Gratidão   62

Escutar as crianças   62

Cultura do encontro   63

Cuidar de um doente   63

Caminho cristão   64

Amigo   65

É o poder de Deus que nos salva   65

Somos de argila   66

Amar sem nada esperar   66

Olhar nos olhos   68

Abrir as portas do coração   68

Deus ama como uma mãe   69

A partilha como modo de vida   70

Pobreza: uma atitude cristã 70
Sinais de pobreza 71
Bênção de Deus 72
Como consolar 73
Coração aberto ao senhor 73
A presença da mulher é necessária 74
A verdadeira unidade 75
Sabor da infância 75
Olhar horizontes 76
Sobre a família 76
Esperança e vida 78
Ouvir o Espírito Santo 78
Vá adiante, estou contigo 79
Deus caminha conosco 79
Tornar-se santo 80

DATAS FESTIVAS

Quaresma: pare, olhe e regresse 84
Despertar da Páscoa 85
Espírito Santo (para o dia de Pentecostes) 86
Força divina que muda o mundo 87
Confiem em Nossa Senhora Aparecida 87
Natal 1 88
Natal 2 89
A todos, o dom da salvação (Natal 3) 90
Dia mundial dos pobres 90
Dia mundial dos pobres: sinal de fraternidade 91

SER CRISTÃO

Cristãos são a contracorrente   94

Por que batizar as crianças   94

Sobre batizados   95

Batismo: segundo aniversário   96

Batismo: encontro com Cristo   96

Batismo: força contra o mal   97

Sobre a confissão   97

Vida, exemplo e palavra   98

Se abrir ao novo   99

Sobre ler a Bíblia   99

Para encontrar Deus   100

Vida cristã   101

Sobre o inferno   101

Acolhimento   102

Ser cristão no pensamento   102

Discernimento   103

Pelo bem de todos   103

Escute e perdoe   104

Proteção materna   105

Nove conselhos do papa para o casamento   105

Cuidado com as 7 tentações   106

Coragem e paciência   107

Santos do século XXI   107

Senha para a fé   108

A maternidade é um presente   109

Trabalhar pela paz   109

Silêncio 110

Amar o pobre 110

Rico é quem dá 111

O reino de Deus 112

Família 112

A salvação é gratuita 113

Esperança 113

Eleição, promessa e aliança 114

Deus é fiel 115

Nome de Deus santificado 115

O bom pastor 116

O grande mandamento 117

Amar e ser amado 117

Paraíso: abraço com Deus 118

Oração de contemplação 118

Como o Senhor transforma nossos corações 119

Imagens de Deus 119

Anjo da guarda 1 120

Anjo da guarda 2 121

Anjo da guarda 3 121

Anjo da guarda 4 122

Arcanjos 122

Cura dos remorsos 123

Estar em contato com quem sofre 123

Familiaridade com o Senhor 124

No reino de Deus não há desempregados 125

Olhar como o Senhor nos olha 125

Dez lições aos jovens 126

Fé nos olhos 129

Liturgia 130

Missa 131

Sobre a missa 131

Maria 132

Somos todos pecadores 133

Olhar com o coração 133

Palavra de Deus 134

Confiem nas possibilidades do bem 135

A luz 135

Coração fértil 136

Ele perdoa sempre 137

Viver a oração 137

Não responda ao mal com o mal 138

Por que você não muda? 139

Despojamento 139

Amizade 141

Para ouvir a voz de Deus 141

O cristão confia 142

Matrimônio: para sempre 142

Somos pó que aspira ao céu 143

Anjos de face humana 144

Sobre rezar o terço 145

Recordar quem nos ama 145

Deus ama a todos 146

Amor chama amor 147

Amemos com obras 147

Prática da partilha 148

Caridade: um estilo de vida 149

Coração humilde 149

Pai-Nosso: a oração dos pobres 150

Sal e luz 151

Oração, paciência e esperança 152

Coração jovem 152

Espírito Santo, acompanhe o meu dia 153

Um hipócrita não é um cristão 154

Respirar a ternura de Deus 154

A igreja é feminina 155

A luz é Cristo 155

Caminho, verdade e vida 156

Tempo para a salvação 157

Reconciliação, fraternidade e partilha 158

Igreja: instrumento de mediação 158

Unidade na diferença 159

Casa acolhedora e aberta 160

Unidade, amor e perdão 161

Igreja em movimento 161

Caminhar confiantes 162

Semeie esperança 162

urante os anos de 2016, 2017 e o primeiro semestre de 2018, o papa Francisco falou em público mais de mil vezes, entre aparições para as pessoas em geral e eventos fechados para membros do clero. De linguajar simples e fácil, é ele quem geralmente escreve seus discursos. E muitos deles são feitos de improviso. Para assuntos especiais, como questões específicas de cada país, tratados de paz ou discussões sobre imigrantes, o papa conta com um grupo de auxiliares, que o ajuda a construir textos que estejam de acordo com leis e hábitos dos muitos locais que visita. No entanto, até mesmo esses discursos são analisados e aprovados por ele. Dentre suas grandes missões, gosta de destacar a do bom pastor, que "busca sem descanso quem se extraviou por veredas enviesadas e sem saída". Em seus pronunciamentos, destaca o amor, a esperança, a caridade e a unidade. Francisco não é dado a férias nem luxos. Nos meses de descanso, costuma ficar em sua casa e evita aparições públicas, embora siga rezando missas e discursando para as pessoas de seu convívio próximo.

Lições do papa Francisco *nasceu de homilias, pronunciamentos e discursos feitos nesse período de dois anos e meio. Todas as palavras do livro foram proferidas pelo papa e contêm sabedoria, amor e um profundo conhecimento da alma humana. O grande desejo desta obra é lembrar, reforçar e explicar que os cristãos são, como nos lembra o papa, "filhos da luz" e devem sempre perseverar na fé, cultivar o simples e se espelhar em Deus.*

COMO LER ESTE LIVRO

 ambição maior da obra que você tem nas mãos é destacar como o papa Francisco, figura admirada por pessoas de diversas religiões e crenças, pensa a prática dos católicos apostólicos romanos. Suas lições foram divididas em três grupos: "Vida cotidiana", "Datas festivas" e "Ser cristão".

No primeiro grupo, estão palavras sábias que servem para qualquer pessoa, inspirando um viver harmônico, íntegro e alegre. São conselhos que ele deu para lidar com problemas corriqueiros do dia a dia. No segundo grupo, o papa Francisco nos explica com suas palavras por que comemoramos o Natal, a Páscoa, o dia de Pentecostes e outras festividades importantes do calendário católico. Na última sequência de lições, estão os pensamentos do papa sobre o que se espera de um cristão, como as pessoas iluminadas pelo Espírito Santo e que têm Jesus no coração devem buscar agir. Sim, buscar. Ele sabe que não somos perfeitos.

Nos três casos, você encontrará palavras que trazem luz para a escuridão e propõem uma atitude de amor, compaixão e atenção ao próximo. As sabedorias assim agrupadas não respeitam a cronologia dos pronunciamentos do papa Francisco. Este livro pode ser lido na ordem ou por temas — para isso o sumário será de grande ajuda. Ele também pode ser lido de uma só vez ou aos poucos. É ainda uma obra de consulta, para aplacar aflições diversas. Vale ressaltar que todas as falas aqui transcritas foram ditas em momentos sagrados em que o papa se dirigiu aos cristãos e pedem, por isso, paz, silêncio e reflexão.

Boa leitura!

VIDA
COTIDIANA

CHAMAR DEUS DE PAI: UMA REVOLUÇÃO

Chamar Deus de "Pai" de forma alguma é um fato normal. Estaríamos inclinados a usar os títulos mais elevados, que nos parecem mais respeitosos à sua transcendência. Em vez disso, invocá-lo como "Pai" nos coloca em uma relação de confidência com Ele, como uma criança que se dirige ao seu pai, sabendo ser amada e cuidada por ele. Esta é a grande revolução que o cristianismo imprime na psicologia religiosa do homem: o mistério de Deus, que sempre nos fascina e nos faz sentir pequenos, porém não causa medo, não nos sufoca nem nos angustia. Uma revolução difícil de ser acolhida pela alma humana.

DEUS SÓ CONJUGA O VERBO "AMAR"

ensemos na parábola do pai misericordioso (cf. Lc 15,11-32). Jesus fala de um pai que sabe ser somente amor para seus filhos. Um pai que não pune o filho por sua arrogância e é capaz de confiar-lhe sua parte na herança e deixá-lo ir embora de casa. Deus é Pai, diz Jesus, mas não à maneira humana, porque não há pai algum neste mundo que se comporte como o protagonista dessa parábola. Deus é Pai à sua maneira: bom, indefeso diante do livre-arbítrio do homem, capaz somente de conjugar o verbo "amar". Quando o filho rebelde, depois de ter esbanjado tudo, retorna finalmente ao lar, aquele pai não aplica critérios de justiça humana, mas sente, antes de tudo, a necessidade de perdoar, fazendo que, com seu abraço, o filho entenda que falta lhe fez o amor de seu pai.

UM PAI QUE NÃO NOS ABANDONA

unca estamos sozinhos. Podemos estar distantes, hostis, podemos também nos professarmos "sem Deus". Mas o Evangelho de Jesus Cristo nos revela que Deus não pode estar sem nós: Ele nunca será Deus "sem o homem". É Ele que não pode estar sem nós, e isso é um grande mistério! Deus não pode ser Deus sem o homem. Essa certeza é a fonte da nossa esperança. Quando precisamos de ajuda, Jesus não nos diz para nos resignarmos e nos fecharmos em nós mesmos, mas para nos dirigirmos ao Pai e pedirmos a Ele com confiança. Todas as nossas necessidades, das mais evidentes e cotidianas, como o alimento, a saúde, o trabalho, até a de sermos perdoados e sustentados nas tentações, não são o espelho da nossa solidão: há, em vez disso, um Pai que sempre nos olha com amor e que seguramente não nos abandona.

MEU PAI ESTÁ NO CÉU?

"Meu pai morreu", me disse o pequeno Emanuele. "Ele era ateu, mas teve todos os quatro filhos batizados. Era um bom homem. Meu pai está no céu?" Que bom que um filho diz de seu pai: "Ele era bom". Para que seus filhos pudessem dizer isso, o pai deve ter dado um belo testemunho a eles. Se aquele homem era capaz de criar filhos assim, é verdade: ele era um bom homem.

Quem diz quem vai para o céu é Deus.

Deus certamente ficou orgulhoso de seu pai, Emanuele, porque é mais fácil ser um crente e batizar crianças do que batizá-las sendo incrédulo. Certamente, isso agradou muito a Deus.

JESUS NOS ACOMPANHA

ada um pode curar-se de muitas formas de doenças espirituais — ambição, preguiça, orgulho —, se colocar com confiança a própria existência nas mãos do Senhor Ressuscitado. Jesus cura através do seu ser pastor que dá a vida. Dando sua vida por nós, Jesus diz a cada um: "Sua vida vale muito para mim; para salvá-la, eu a dou por mim mesmo". E oferecer a própria vida o torna Bom Pastor por excelência: Aquele que cura, Aquele que nos permite viver uma vida bela e fecunda. Ele está atento a cada um de nós e conhece profundamente o nosso coração. Conhece as nossas qualidades e os nossos defeitos, conhece os projetos que realizamos e as esperanças que foram desiludidas.

Ele nos aceita assim como somos e nos guia com amor. Ele nos acompanha.

PARA EVITAR A FÉ INTERESSEIRA

ste é um bom teste de como seguimos Jesus: por interesse ou não? Para refrescar a memória, façamos duas perguntas. O que Jesus fez por mim, na minha vida, por amor? E, vendo isso, o que tenho de fazer por Jesus? Somente sabendo como respondemos a esse amor é que seremos capazes de purificar a nossa fé de todo interesse. Que o Senhor nos ajude nesse caminho.

QUEM MANDA DEVE SERVIR

uem manda deve servir. O chefe de vocês deve ser seu servidor. Para ser um bom chefe, seja onde for, deve servir. Penso muitas vezes, não neste tempo, porque cada um está vivo e tem a oportunidade de mudar de vida e não podemos julgar, mas penso na história. Se tantos reis, imperadores, chefes de Estado tivessem entendido esse ensinamento de Jesus em vez de serem autoritários, cruéis, assassinarem as pessoas... Se tivessem feito isso, quantas guerras não teriam sido evitadas!

DOAÇÃO

ejam misericordiosos assim como o Pai é misericordioso. E mais: sejam generosos. Dai e vos será dado. O que me será dado? Uma boa medida, calcada, sacudida, transbordante. A abundância da generosidade do Senhor, quando seremos plenos da abundância da nossa misericórdia.

SOBRE A CORRUPÇÃO

 que está na raiz da escravidão, do desemprego, do abandono dos bens comuns e da natureza? A corrupção, um processo que nutre a cultura da morte. A ambição do poder e do ter não conhece limites.

A corrupção não se combate com o silêncio. Devemos falar dela, denunciar seus males, compreendê-la para poder mostrar a vontade de reivindicar a misericórdia sobre a mesquinhez, a beleza sobre o nada.

Peçamos juntos para que aqueles que têm poder material, político ou espiritual não se deixem dominar por ela.

COMO EVITAR A CORRUPÇÃO

 Evangelho explica qual é a estratégia cristã para seguir avante sem cair na rede da corrupção. Isso é dito quando Jesus menciona que devemos ser "prudentes como as serpentes e simples como a pomba". Então, o que fazer?

Primeiro, precisamos ter uma saudável desconfiança, estar atentos a quem promete muito e fala demais, como aqueles que dizem: "Faça o investimento no meu banco, eu lhe darei juros em dobro".

Além disso, também devemos refletir diante das seduções do diabo, que conhece nossas fraquezas; e, finalmente, rezar.

Rezemos hoje ao Senhor para que nos dê essa graça de sermos vigilantes, de termos essa esperteza cristã. Um cristão não pode se permitir ser ingênuo.

SOBRE A AMIZADE

 unca percais o prazer de gozar do encontro, da amizade, de sonhar juntos, de caminhar com os outros. Os cristãos autênticos não têm medo de se abrir aos outros, de compartilhar seus espaços vitais e transformá-los em espaços de fraternidade. Abri de par em par as portas da vossa vida! Que os vossos espaços e tempos sejam habitados por pessoas concretas, relações profundas que vos deem a possibilidade de compartilhar experiências autênticas e reais no vosso dia a dia.

AMAR E RESPEITAR

mem e cuidem das suas tradições, porém sempre evitando todas as formas de sectarismo. Cuidem sempre, no vosso país e fora dele, do sonho da Aliança entre Deus e a humanidade, as pontes que, como o arco das luzes sobre as nuvens, reconciliam o céu com a terra, e invoquem os homens a fim de que nunca parem de aprender a amar-se e respeitar-se, abandonando as armas, as guerras e todas as formas de abuso.

SOBRE A PAZ

 que eu posso fazer pela paz?
Certamente podemos rezar; mas não só. Cada um pode dizer concretamente "não" à violência naquilo que depender de si.

As vitórias obtidas com a violência são falsas, enquanto trabalhar pela paz faz bem a todos.

GUARDA A FÉ E PROTEGE

 Mãe guarda a fé, protege as relações, salva nas intempéries e preserva do mal. Onde Nossa Senhora é de casa, o diabo não entra; onde está a Mãe, a perturbação não prevalece, o medo não vence.

Maria está atenta ao cansaço, sensível às turbulências, próxima do coração. E nunca, nunca despreza as nossas orações; não perde uma sequer. É Mãe, nunca se envergonha de nós; antes, só espera poder ajudar os seus filhos.

A VERDADE VOS LIBERTARÁ

O antídoto mais radical ao vírus da falsidade é deixar-se purificar pela verdade. Na visão cristã, a verdade não é uma realidade apenas conceitual, que diz respeito ao juízo sobre as coisas, definindo-as como verdadeiras ou falsas. A verdade não é apenas trazer à luz coisas obscuras, "desvendar a realidade", como faz pensar o termo que a designa em grego: "aletheia", de "a-lethès", que significa "não escondido". A verdade tem a ver com a vida inteira. A Bíblia reúne os significados de apoio, solidez e confiança, como sugere a raiz "aman" (daqui provém o próprio "Amen" litúrgico). A verdade é aquilo sobre o qual podemos nos apoiar para não cair. Eis a afirmação de Jesus: "Eu sou a verdade" (Jo 14,6). Sendo assim, o homem descobre sempre mais a verdade quando a experimenta em si mesmo como fidelidade e fiabilidade de quem o ama. Só isto liberta o homem: "a verdade vos libertará" (Jo 8,32).

PACIÊNCIA

A paciência como virtude em caminho é algo muito significativo para mim. A atitude dos pais quando têm um filho doente ou deficiente nasce assim: "Mas, graças a Deus, ele está vivo".

Os pais são pacientes e criam aquele filho com amor por toda a vida, até o fim. Não é fácil levar por anos e anos e anos um filho doente, com necessidades especiais... Mas a alegria de tê-lo dá a eles força para seguir adiante. Isso é paciência, e não resignação, ou seja, é a virtude que vem quando uma pessoa está em caminho.

A paciência também é a sabedoria de dialogar com o limite. Existem muitos limites na vida, mas a impaciência não os quer, os ignora porque não sabe dialogar com eles.

Senhor, dá ao teu povo paciência para suportar as provações.

DIÁLOGO E UNIDADE

rocuremos o caminho da não violência ativa "como estilo de uma política de paz". Nunca nos cansemos de procurar o diálogo para a unidade. Por isso, digamos vigorosamente: "Senhor, fazei-nos artesãos de unidade".

SEM MEDO DA MORTE

esus quer levar-nos ao lugar mais bonito, com o bem que fizemos durante a nossa vida, seja muito, seja pouco, porque nada se perde do que ele já salvou. À casa do Pai também levará tudo aquilo que em nós ainda precisa ser resgatado: as falhas e os erros da vida. Este é o objetivo da nossa existência: que tudo seja cumprido e transformado em amor.

Se acreditamos nisso, a morte deixa de nos amedrontar e, com tanta confiança, podemos também esperar partir deste mundo de maneira serena. Quem conheceu Jesus não teme mais nada.

PERDÃO 1

odos nós devemos pedir perdão, a começar por mim. Todos. Isso nos humaniza. Sem essa atitude, perdemos a consciência de ter errado e de que, de uma maneira ou de outra, somos chamados a recomeçar.

PERDÃO 2

ara ser perdoado, você deve perdoar os outros. Acusar a si mesmo é parte da sabedoria cristã; não acusar os outros, não. A si mesmo. Eu pequei. E quando nos aproximamos do sacramento da penitência, devemos ter isto em mente: "Deus é grande e nos deu tantas coisas, mas infelizmente eu pequei, ofendi o Senhor e peço salvação". O perdão de Deus nos toca fortemente desde que perdoemos os outros. Estas são as duas coisas que nos ajudarão a entender o caminho do perdão: "O Senhor é grande, mas infelizmente eu pequei" e "Sim, eu o perdoo setenta vezes sete, desde que você perdoe os outros".

PERDÃO 3

ara sermos dignos de receber o perdão de Deus, nos comprometemos a perdoar quem nos ofendeu, e isso não é fácil. Perdoar as pessoas que nos ofenderam não é fácil, é uma graça que devemos pedir: "Senhor, ensina-me a perdoar como vós me perdoastes". É uma graça, pois com nossas próprias forças não podemos fazê-lo. Assim, quando abrimos o coração a Deus, o Pai nosso nos predispõe também ao amor fraterno. Enfim, peçamos, ainda, a Deus que nos livre do mal que nos separa dele e nos divide de nossos irmãos.

PERDÃO 4

eus liberta do medo, da angústia, da vergonha, da violência. O perdão é realmente uma forma de libertação para restaurar a alegria e o sentido da vida. É como dizer que a misericórdia abre à esperança, cria a esperança e se nutre dela.

FALAR COM AMOR

 homem e a mulher são chamados não apenas a falarem-se de amor, mas a falarem-se com amor sobre o que eles devem fazer para que a convivência humana se realize na luz do amor de Deus por cada criatura.

DOAR

 oar traz felicidade a nós mesmos e aos outros também. Doando, criam-se laços e relacionamentos que renovam a esperança de um mundo melhor.

A COLA QUE NOS MANTÉM UNIDOS

is o início da Igreja, eis a cola que nos mantém unidos, o cimento que une os tijolos da casa: o perdão. Com efeito, o perdão é o dom elevado à potência infinita, é o amor maior, aquele que mantém tudo unido, que impede de soçobrar, que reforça e solidifica. O perdão liberta o coração e permite recomeçar: o perdão dá esperança; sem perdão, não se edifica a Igreja.

AME SEM LIMITES

em o amor ilimitado, a Igreja não vai para a frente, não respira, não cresce. Pelo contrário, transforma-se numa instituição vazia, de aparências, de gestos sem fecundidade. Jesus diz como devemos amar: até o fim.

Devemos ter a consciência de que Ele é maior do que todos nós, e de que nós somos servos e não podemos ultrapassar Jesus. Ele é o Senhor, não nós. Esse é o testamento do Senhor. Ele se dá como comida e bebida e nos diz: "Amem-se assim".

Deixe que o olhar de Jesus entre em você. Sentiremos tantas coisas: sentiremos amor, sentiremos talvez nada... ficaremos bloqueados ali, sentiremos vergonha. Mas deixe que o olhar de Jesus sempre venha. O mesmo olhar com o qual olhava, naquela noite, os seus na ceia. O Senhor conhece, sabe tudo.

A MORTE É UMA HERANÇA

morte é um fato que toca todos nós. Cedo ou tarde, ela chega. Nós não somos nem eternos nem efêmeros: somos homens e mulheres a caminho no tempo, tempo esse que começa e acaba. Eu não sou dono do tempo. Repetir isso ajuda, pois nos salva da ilusão do momento, de levar a vida como uma corrente de momentos sem sentido. Devo olhar avante; eu vou embora e deixo uma herança, e a morte é uma herança.

Se Deus me chamasse hoje, que herança eu deixaria como testemunho de vida? É uma bela pergunta a nos fazermos e, assim, nos prepararmos. Todos nós percorreremos esse caminho.

Quando eu morrer, o que eu gostaria de ter feito hoje a respeito do meu modo de vida? É uma memória antecipada que ilumina, com o fato da morte, o momento do hoje e as decisões que eu preciso tomar todos os dias.

A VIRTUDE DA ESPERANÇA

A esperança nos leva à plenitude. Para sair desta prisão, desta limitação, desta escravidão, desta corrupção e chegar à glória: um caminho de esperança. E a esperança é um dom do Espírito. É propriamente o Espírito Santo que está dentro de nós e nos leva a algo grandioso, uma libertação, uma grande glória. E para isso, Jesus diz: "Dentro da semente de mostarda, daquele grão pequenininho, há uma força que desencadeia um crescimento inimaginável". Essa tensão que vai da escravidão do pecado, para ser simples, à plenitude da glória. Esperança é aquela que vai avante e não desilude, pois, assim como o grão, é muito pequena, e o fermento a ajuda a crescer.

A esperança é a virtude mais humilde.

AGENTES DE PAZ

er agente de paz significa fazer-se promotor de uma cultura da paz. Isso exige amor à verdade, sem a qual não podem existir relações humanas autênticas, e busca da justiça, sem a qual o abuso é a norma imperante de qualquer comunidade.

TATUAGEM

 tatuagem indica pertencimento. Você, jovem, que está tatuado, o que está buscando? Através dessa tatuagem, que pertencimento você expressa? Dialogando com isso, pode-se chegar à cultura do jovem.

É importante não se assustar. Nunca devemos nos assustar com os jovens! Nunca! Porque sempre, inclusive por trás das coisas que não são tão boas, há algo que nos ajudará a chegar a alguma verdade.

INTEGRAR AS RELIGIÕES

Os cristãos são chamados a colaborar com os fiéis de todas as religiões e todos os homens de boa vontade, a fim de favorecer o desenvolvimento de uma cultura do encontro.

Nesse sentido, seu desejo a favor do bem comum pode levá-los a construir pontes entre pessoas de várias condições sociais, econômicas, culturais e religiosas, e entre as várias gerações. Somos convidados a estar próximos daqueles que vivem em situações precárias; a nunca nos resignar à disparidade social, raiz dos males da sociedade, mas promover uma conversão ecológica integral a serviço da proteção de nossa casa comum. Trata-se de perseverar na busca de meios compatíveis com o bem de todos, para acolhê-los, protegê-los, promover o seu desenvolvimento humano total e integrá-los na sociedade. Dessa forma, será possível construir uma sociedade mais justa, mais humana e fraterna.

COMUNIDADE SOLIDÁRIA

Ser uma comunidade solidária significa ter cuidado pelos mais fracos da sociedade, pelos pobres e por aqueles que são descartados pelos sistemas econômicos e sociais, a começar pelos idosos e desempregados. Contudo, a solidariedade exige também que se recupere a colaboração e o apoio recíproco entre as gerações.

MUNDO SEM ESTRANGEIROS

audácia não é a coragem de um dia, mas a paciência de uma missão cotidiana na cidade e no mundo. É a missão de compor novamente o tecido humano das periferias, que a violência e o empobrecimento rasgaram; de comunicar o Evangelho por meio da amizade pessoal; de demostrar como uma vida torna-se realmente humana quando é vivida ao lado dos mais pobres; de criar uma sociedade em que ninguém mais é estrangeiro.

REFUGIADOS

untos, devemos encorajar os Estados a encontrar respostas sempre mais adequadas e eficazes aos desafios apresentados pelos fenômenos migratórios, o que será possível com base nos princípios fundamentais da doutrina social da Igreja. É preciso se empenhar para garantir que as palavras codificadas nos acordos transformem-se em ações concretas no sinal de uma responsabilidade global e compartilhada. Para libertar os oprimidos, os excluídos e os escravos de hoje, é essencial promover um diálogo aberto e sincero com os governantes; um diálogo que faça um tesouro da experiência vivida, dos sofrimentos e das aspirações do povo, para chamar cada um às suas responsabilidades.

GRANDE PÁTRIA

 ói-nos a pátria que não acolhe e protege, de fato, todos os seus filhos. Desejamos, sim, a Grande Pátria, mas ela só será grande quando o for para todos, e com maior justiça e equidade.

MIGRAÇÕES

ão devemos nos esquecer de que sempre existiram migrações. Na tradição judaico-cristã, a história da salvação é, essencialmente, uma história de migrações. Também não devemos nos esquecer de que a liberdade de movimento, como a de deixar o país de origem e regressar a ele, pertence aos direitos humanos fundamentais. Por isso, é necessário sair de uma retórica generalizada sobre o assunto e partir da consideração essencial de que se encontram diante de nós, antes de mais nada, pessoas.

INTEGRAÇÃO DOS MIGRANTES

m migrante não pode ser enviado de volta. É um ser humano que foge da guerra ou da fome. O migrante deve ser integrado. Colocá-lo em um gueto não é integrá-lo. É preciso receber a pessoa, ajudá-la e inseri-la na sociedade.

MIGRANTES: ACOLHER, PROTEGER, PROMOVER, INTEGRAR

Oferecer a requerentes de asilo, refugiados, migrantes e vítimas de tráfico humano uma possibilidade de encontrar a paz que tanto procuram exige uma estratégia que combine quatro ações: acolher, proteger, promover e integrar.

Acolher: apela à exigência de ampliar as possibilidades de entrada legal, de não expulsar refugiados e migrantes para lugares onde perseguições e violência os aguardam, e de equilibrar a preocupação pela segurança nacional com a tutela dos direitos humanos fundamentais. Recorda-nos a Sagrada Escritura: "Não vos esqueçais da hospitalidade, porque graças a ela alguns, sem saberem, acolheram anjos" (Hb 13,2).

Proteger: lembra o dever de reconhecer e tutelar a dignidade inviolável daqueles que fogem de um perigo real em busca de asilo e segurança e de impedir sua exploração. Penso de modo particular nas mulheres e crianças que se encontram em situações onde estão tão expostas aos riscos e abusos que chegam ao ponto de se tornarem escravas deles. Deus não discrimina: "O Senhor protege o estrangeiro, sustenta o órfão e a viúva" (Sl 146,9).

Promover: alude ao apoio para o desenvolvimento humano integral de migrantes e refugiados. Dentre os numerosos instrumentos que podem ajudar nessa tarefa, desejo sublinhar a importância de assegurar às crianças e aos jovens o acesso a todos os níveis de instrução: desse modo, poderão não só cultivar e fazer frutificar suas capacidades como também estarão em melhores condições para ir ao encontro dos outros, cultivando um espírito de diálogo, e não de isolamento ou conflito. A Bíblia ensina que Deus "ama o estrangeiro, dando-lhe pão e roupa"; daí a exortação: "Amareis o estrangeiro, porque fostes estrangeiros na terra do Egito" (Dt 10,18-9).

Integrar: significa permitir que refugiados e migrantes participem plenamente na vida da sociedade que os acolhe, numa dinâmica de mútuo enriquecimento e fecunda colaboração na promoção do desenvolvimento humano integral das comunidades locais. "Portanto" — como escreve são Paulo —, "já não sois estrangeiros nem imigrantes, mas concidadãos dos santos e membros da família de Deus" (Ef 2,19).

A MORTE NÃO É A ÚLTIMA PALAVRA

Os muitos que ressuscitarão para a vida eterna devem ser entendidos como os "muitos" pelos quais o sangue de Cristo é derramado. São a multidão que, graças à bondade misericordiosa de Deus, pode experimentar a realidade da vida que não passa, a vitória completa sobre a morte por meio da ressurreição.

No Evangelho, Jesus fortalece a nossa esperança, ao dizer: "Eu sou o pão vivo descido do Céu. Quem comer deste pão viverá eternamente" (Jo 6,51). São palavras que evocam o sacrifício de Cristo na cruz. Ele aceitou a morte para salvar os homens que o Pai lhe deu e que estavam mortos na escravidão do pecado. Jesus se fez nosso irmão e partilhou a nossa condição até a morte; com seu amor, rompeu o jugo da morte e abriu-nos as portas da vida.

OLHAR PARA DENTRO

ento não me olhar no espelho. Procuro olhar para dentro de mim, para o que senti durante o dia e, assim, julgar-me.

ALEGRIA DAS CRIANÇAS

 alegria das crianças é um tesouro. Devemos fazer de tudo para que elas continuem a ser alegres, porque a alegria é como uma terra boa. Uma alma alegre é como uma terra boa que faz crescer bem a vida, com bons frutos.

IMPORTÂNCIA DOS AVÓS

 necessário que falem com os avós. Eles têm memória, têm raiz, e serão os avós a dar raízes às crianças.
Por favor, que não sejam crianças sem raízes, sem memória de um povo, sem memória da fé, sem memória de tantas coisas que fizeram a história, sem memória de valores.

BOM EXEMPLO

 m defeito frequente das pessoas que têm autoridade é exigir algumas coisas dos outros. Muitas vezes são coisas justas, mas que eles não praticam em primeira pessoa.

Essa atitude é um mau exercício da autoridade, que, em vez disso, deveria ter sua força principal precisamente no bom exemplo.

A autoridade nasce do bom exemplo. Ela ajuda os outros a praticarem o que é correto e apropriado, e sustenta-os nas provas que se encontram no caminho do bem. A autoridade é uma ajuda, mas, se for mal exercitada, torna-se opressiva, não deixa as pessoas crescerem e cria um clima de desconfiança e hostilidade.

JESUS É GENTIL E HUMILDE

ós, discípulos de Jesus, não devemos buscar títulos de honra, autoridade ou supremacia. Eu fico triste em ver pessoas correrem atrás da vaidade das honras. De modo algum devemos fazer isso, pois entre nós deve existir uma atitude simples e fraterna. Somos todos irmãos e não devemos dominar os outros, olhá-los de cima para baixo.

Se nós recebemos qualidades do Pai Celeste, devemos colocá-las a serviço dos irmãos, e não nos aproveitarmos delas para nossa satisfação pessoal.

Não devemos nos considerar superiores aos outros; a modéstia é essencial para uma existência que deseja se conformar ao ensinamento de Jesus, que é gentil e humilde de coração. Ele veio não para ser servido, mas para servir.

RESPONDER O MAL COM O BEM

s ingredientes para a vida feliz se chamam bem-aventuranças. Bem-aventurados os simples, os humildes que dão lugar a Deus, que sabem chorar pelos outros e pelos próprios erros, que permanecem mansos, lutam pela justiça, são misericordiosos com todos, preservam a pureza do coração, trabalham sempre pela paz, permanecem na alegria, não odeiam e, mesmo quando sofrem, respondem ao mal com o bem. Eis as bem-aventuranças. Não requerem gestos extraordinários e não são para super-homens, mas para quem vive as provações e as fadigas de todos os dias.

ATRAVESSADOS POR DEUS

s santos não são pequenos modelos perfeitos, mas pessoas atravessadas por Deus. Podemos compará-los com os vitrais das igrejas que fazem entrar a luz em diferentes tonalidades de cor. Os santos são nossos irmãos e irmãs que acolheram a luz de Deus em seu coração e a transmitiram ao mundo, cada um segundo a própria tonalidade. Todos eles foram transparentes e lutaram para limpar as manchas e obscuridades do pecado, deixando, assim, a luz amável de Deus passar. Este é o objetivo e finalidade da nossa vida: deixar passar a luz de Deus. De fato, hoje, no Evangelho, Jesus se dirige aos seus, todos nós, dizendo "bem-aventurados", porque essa palavra é o caminho da felicidade. Quem está com Jesus é bem-aventurado. Quem está com Jesus é feliz.

FELICIDADE

felicidade não está em ter alguma coisa ou em tornar-se alguém. A verdadeira felicidade é estar com o Senhor e viver por amor.

ADORMECER
AO REZAR

uando vou rezar, algumas vezes durmo. Isso também acontecia com santa Teresinha do Menino Jesus. Ela dizia que o Senhor Deus, o Pai, gosta quando dormimos rezando.

SOBRE A MULHER

 mulher não existe para lavar a louça. Não: a mulher é para trazer harmonia. Sem a mulher não há harmonia. É ela que traz a harmonia, que nos ensina a acariciar, a amar com ternura e que faz do mundo uma coisa bela.

MARIA, MÃE

 um grande perigo para a fé viver sem Mãe.
"Sob teu amparo nos acolhemos, Santa Mãe de Deus. Não desprezes nossas súplicas nas necessidades; antes, bem livra-nos sempre de todos os perigos, oh, Virgem gloriosa e bendita!"

Nos momentos turbulentos, é preciso nos acolhermos sob o manto da Santa Mãe de Deus.

CONSTRUTORES DE PONTES

m meio a muitas razões para desanimar e dentre tantos profetas de destruição e condenação, no meio de tantas vozes negativas e desesperadas, sede uma força positiva; sede a locomotiva que faz o comboio avançar para a meta; sede semeadores de esperança, construtores de pontes, obreiros de diálogo e de concórdia.

NÃO USE PHOTOSHOP NO SEU CORAÇÃO

á fotos que são muito lindas, mas estão todas retocadas. O coração não se pode "photoshopar", porque é nele onde se joga o amor verdadeiro; nele joga-se a felicidade.

Quando Jesus nos olha, não pensa no quanto somos perfeitos, mas em todo o amor que temos no coração para oferecer aos outros e servi-los. Para Ele, isso é o que importa.

TODOS TEMOS
ALGO PARA DAR

em a conexão com Jesus, acabamos por afogar nossas ideias, nossos sonhos, nossa fé e nos enchemos de mau humor. E, de protagonistas que somos e queremos ser, podemos chegar a pensar que tanto vale fazer algo como não fazer. Ficamos desconectados do que está acontecendo no mundo. Preocupa-me quando muitos, ao perder o "sinal", pensam que não têm nada para dar e ficam como que perdidos. Nunca penses que não tens nada para dar, ou que não precisas de ninguém. Nunca. Somos todos necessários e importantes, todos temos algo para dar.

ONDE HOUVER SOFRIMENTO,
ENCONTRE COMPAIXÃO

 fundamental que nossas comunidades cristãs sejam casas nas quais todo sofrimento encontre compaixão, nas quais toda família com o peso da dor e do cansaço possa sentir-se compreendida e respeitada em sua dignidade.

A ESPERANÇA
PROTEGE A VIDA

ão é verdade que "enquanto há vida, há esperança", como se costuma dizer. Ao contrário: é a esperança que mantém a vida em pé, que a protege, a preserva e a faz crescer. Se os homens não tivessem cultivado a esperança, se não tivessem se apoiado nessa virtude, jamais teriam saído das cavernas e deixado marcas na história do mundo.

SOBRE POLÍTICOS

m política, é a hora dos jovens e dos idosos e, por favor, sigam por esse caminho. Essa relação entre idosos e jovens é um tesouro que devemos retomar. Os jovens porque têm a força de levar adiante o que for; os idosos porque têm a sabedoria da vida e a autoridade de dizer aos mais novos, e também aos que são políticos: "Olhe, isso está errado, pense um pouco e tome esse outro caminho".

Sejam exigentes com si próprios e com os demais. Servir ao bem público, dirigir o mundo para diminuir as desigualdades e promover o bem das famílias com medidas concretas é a missão dos políticos.

DEUS NOS CRIOU
PARA A ALEGRIA

s vezes, ter tido tudo na vida é um infortúnio. Pensem em um jovem a quem não foram ensinadas as virtudes da espera e da paciência, que não precisou batalhar por nada, que pulou as etapas e, aos vinte anos, "já sabe como funciona o mundo". Esse jovem está destinado à pior condenação: a de não desejar mais nada. Embora seja novo, o outono já entrou em seu coração. Ter a alma vazia é o pior obstáculo para a esperança. É um risco do qual ninguém está excluído, porque ser tentado contra a esperança pode acontecer também quando se percorre o caminho da vida cristã. O cristão sabe que aquela condição deve ser combatida, nunca aceita passivamente. Deus nos criou para a alegria e para a felicidade, e não para nos emaranharmos em pensamentos melancólicos.

RECORRA
A JESUS

uando nossas forças parecem fracas e a batalha contra a angústia é dura, podemos sempre recorrer ao nome de Jesus. Podemos repetir aquela oração simples que se tornou a base de tantas tradições espirituais cristãs: "Senhor Jesus Cristo, Filho de Deus, tenha piedade de mim, pecador!".

Não estamos sozinhos na luta contra o desespero. Se Jesus venceu o mundo, é capaz de vencer em nós tudo aquilo que se opõe ao bem. Se Deus está conosco, ninguém nos roubará aquela virtude de que precisamos para viver. Ninguém nos roubará a esperança.

SONHAR UM MUNDO DIFERENTE

ão escutemos quem recomenda cinicamente que não se cultive esperança na vida; não confiemos em quem apaga, logo que surge, todo entusiasmo, dizendo que nenhuma empresa vale o sacrifício de toda uma vida; não escutemos os "velhos" de coração que sufocam a euforia juvenil. Busquemos os velhos que têm os olhos brilhantes de esperança! Cultivemos, em vez disso, sãs utopias: Deus nos quer capazes de sonhar como Ele e com Ele, enquanto caminhamos bem atentos à realidade. Sonhar um mundo diferente. E, se um sonho se apagar, tornar a sonhá-lo, indo, com esperança, à memória das origens.

HUMILDADE

 humilde é poderoso não porque é forte. A humildade é como um vazio que deixa espaço para Deus, e essa é a grandeza do humilde.

MISERICÓRDIA

esde o início de seu ministério público na Galileia, Jesus se aproxima dos leprosos, dos endemoniados, dos enfermos e dos marginalizados. Um comportamento nada habitual; tanto é verdade que essa simpatia de Jesus pelos excluídos, pelos "intocáveis", será uma das coisas que mais desconcertarão seus conterrâneos.

Onde existe uma pessoa que sofre, Jesus está lá, e aquele sofrimento se torna seu. Jesus não prega que a condição de pena deve ser suportada com heroísmo, como os filósofos estoicos. Ele compartilha a dor humana e, quando o faz, de seu íntimo brota o comportamento que caracteriza o cristianismo: a misericórdia.

CINCO LIÇÕES
PARA SER UM BOM PAI

1. ALEGRAR-SE COM O CORRETO

oda família necessita de um pai. Um pai que não se vanglorie de que seu filho seja parecido com ele, mas que se alegre de que ele aprenda a retidão e a sensatez, que é o que conta na vida. Essa será a melhor herança que um pai poderá transmitir ao seu filho, e ele se sentirá cheio de alegria quando vir que o filho a recebeu e aproveitou.

2. EDUCAR COM CARINHO

 pai ensina o que o filho ainda não sabe, corrige os erros que ainda não vê, orienta seu coração, protege-o no desânimo e na dificuldade. Tudo isso com proximidade, doçura e uma firmeza que não humilha.

3. ACOMPANHAR COM PACIÊNCIA

star presente na família, compartilhar as alegrias e tristezas com a esposa, acompanhar as crianças à medida que crescem. A parábola do filho pródigo nos mostra o pai que espera na porta de casa o retorno do filho que se equivocou. Sabe esperar, sabe perdoar, sabe corrigir.

Também hoje os filhos, ao voltar para casa com seus fracassos, necessitam de um pai que os espere, os proteja, os anime e ensine como seguir pelo bom caminho. Às vezes, o pai precisa castigá-los, mas nunca lhe dá uma bofetada na cara.

4. REZAR COM CONFIANÇA

uitas vezes os pais, como os filhos, não admitirão os fracassos, mas necessitam do Pai como todos necessitamos. O bom pai sabe recorrer ao único bom Pai, como disse o Evangelho: ao Pai nosso que está no céu.

5. SEGUIR SÃO JOSÉ

eçamos ao Senhor que nunca falte nas famílias a presença de um bom pai, que seja mediador e guardião da fé na bondade, na justiça e na proteção de Deus, assim como foi são José.

O MUNDO COMO NOSSA CASA

É na família onde aprendemos a conceber o mundo como a nossa casa, na qual somos chamados a viver juntos, a aprender a proximidade, o respeito, a ser responsáveis pelo outro e considerar os dons recebidos de Deus como um bem que se deve oferecer pelo bem de todos. Vamos combater o crescimento de uma cultura global da indiferença que descarta os irmãos e irmãs mais fracos. Desse modo, construiremos bases sólidas para uma sociedade renovada.

JESUS NO CENTRO DE NOSSAS VIDAS

Quanto mais Jesus ocupa o centro da nossa vida, mais nos faz sair de nós mesmos, nos descentra e nos torna mais próximos dos outros. Esse dinamismo do amor é como os movimentos do coração, sístole e diástole: concentra-se para encontrar-se com o Senhor e imediatamente se abre, saindo de si por amor, para dar testemunho de Jesus, falar Dele e pregar Sua Palavra.

AS ARTES EXPRESSAM A GRANDEZA DE DEUS

As artes expressam a beleza da fé e proclamam a mensagem da grandeza da criação de Deus. Por isso, quando admiramos uma obra de arte ou uma maravilha da natureza, descobrimos como cada coisa nos fala Dele e de Seu amor.

Rezemos pelos artistas do nosso tempo, para que, através das obras de sua criatividade, nos ajudem a descobrir a beleza da criação.

PEQUENOS DETALHES

O portador de Jesus se entende por muitos pequenos detalhes: a luz que um cristão preserva nos olhos, a profunda serenidade que não é afetada mesmo nos dias mais complicados, a vontade de recomeçar a querer bem mesmo quando se tenha experimentado muitas decepções.

SOMOS UM "SIM"

a transparência do olhar não existem respostas, há abertura. Abertura a tudo aquilo que eu não sou. Na transparência do olhar nos tornamos permeáveis à vida. A vida não nos passa ao largo, mas nos atravessa e nos comove, e essa é a paixão. Uma vez abertos à vida e aos outros, ao que está ao meu lado, realiza-se o encontro e a esse encontro dá-se um sentido. Todos nós temos um sentido na vida. Ninguém é um "não". Todos somos "sim". Por isso, quando encontramos o sentido, é como se a alma se engrandecesse e precisássemos atribuir palavras a esse sentido, dar a ele uma forma que o contenha. Expressar de algum modo isso que aconteceu conosco. Essa é a criação.

GRATIDÃO

uando nos damos conta de que a vida tem sentido e de que esse sentido nos transborda, precisamos celebrá-lo. Temos necessidade da festa como expressão humana de uma celebração do sentido. Assim, encontramos o sentido mais profundo que se pode ter. Um sentimento que existe entre nós, para tudo e apesar de tudo. Esse sentimento é a gratidão.

ESCUTAR AS CRIANÇAS

ós, os adultos, não podemos tirar de nossas crianças e nossos jovens a capacidade de sonhar e de brincar, que é, de certa forma, um sonhar acordado. Se não deixamos que a criança brinque, é porque nós não sabemos brincar, e se nós não sabemos brincar, não entendemos nem a gratidão, nem a gratuidade, nem a criatividade. Devemos escutar as crianças e gerar um contexto de esperança para que os seus sonhos cresçam e sejam compartilhados. Um sonho, quando é partilhado, torna-se utopia de um povo, a possibilidade de criar um novo modo de viver.

CULTURA DO ENCONTRO

Podemos nos unir valorizando a diversidade de culturas para alcançar não a uniformidade, mas a harmonia. É disso que este mundo tão atomizado precisa! Este mundo tem medo do diferente, e a partir desse temor, às vezes, constroem-se muros que acabam por transformar em realidade o pior pesadelo, ou seja, viver como inimigos. Este mundo precisa sair e se encontrar! Precisa sonhar, buscar sentido, criar, agradecer, festejar, colocar a mente, as mãos e o coração para tornar realidade a cultura do encontro.

CUIDAR DE UM DOENTE

Cuidar de um doente é uma riqueza inestimável para a sociedade: recorda a toda comunidade civil e eclesial de não ter medo da proximidade, da ternura, de gastar tempo com laços que ofereçam e recebam apoio e conforto recíprocos. Espaços de solidariedade autênticos, e não formais.

CAMINHO CRISTÃO

caminho começa todos os dias na parte da manhã: o caminho de confiar no Senhor, o caminho aberto às surpresas do Senhor, muitas vezes não boas, muitas vezes feias. Pensemos em uma doença, uma morte. Embora não pareça, é um caminho aberto, pois eu sei que Tu me irás conduzir a um lugar seguro, a uma terra que preparaste para mim; isto é, o homem em caminho, o homem que vive em uma tenda, uma tenda espiritual.

AMIGO

az-nos bem pensar naquilo que um amigo faz: aproxima-se com discrição e ternura do meu caminho; me ouve profundamente; sabe ir além das palavras; é misericordioso com meus defeitos; é livre de preconceitos; não concorda sempre comigo, mas, justamente por me querer bem, me diz sinceramente onde discorda; está pronto a ajudar-me cada vez que caio.

É O PODER DE DEUS QUE NOS SALVA

odos nós somos vulneráveis, frágeis, fracos, e precisamos ser curados. São Paulo nos diz: "somos afligidos, abalados, perseguidos, atingidos". É a manifestação da nossa fraqueza, da debilidade de Paulo, manifestação do barro. É a nossa vulnerabilidade. Às vezes, tentamos encobrir a vulnerabilidade para que não seja vista, ou mascará-la, dissimulá-la… O próprio Paulo diz: "Quando caí em dissimulações vergonhosas". Dissimular é vergonhoso sempre. É hipocrisia ser outra coisa, pensando não precisar de curas ou apoio. É o caminho, é a estrada rumo à vaidade, à soberba, à autorreferencialidade daqueles que, não se sentindo de barro, buscam a salvação, a plenitude de si mesmos. Mas o poder de Deus é o que nos salva.

SOMOS DE ARGILA

omos postos nos maiores apuros, sem perder a esperança; perseguidos, mas não desamparados; derrubados, mas não aniquilados. Sempre existe uma relação entre o barro e o poder, o barro e o tesouro. Nós temos um tesouro em vasos de barro, mas a tentação é sempre a mesma: cobrir, dissimular, não admitir que somos barro. É a vergonha, aquilo que aumenta o coração para deixar entrar o poder, a força de Deus. A vergonha de ser barro, e não um vaso de prata ou de ouro. De ser de argila. Se chegarmos a esse ponto, seremos felizes. O diálogo entre o poder de Deus e o barro. Por exemplo, no lava-pés, quando Jesus se aproxima de Pedro e este lhe diz: "Não, a mim não, Senhor, por favor". O quê? Pedro não tinha entendido que era de barro, que precisava do poder do Senhor para ser salvo.

AMAR SEM NADA ESPERAR

enhum de nós pode viver sem amor. E uma grande armadilha na qual podemos cair é acreditar que o amor deve ser merecido. Talvez boa parte da angústia do homem contemporâneo derive disto: acreditar que se não formos fortes, atraentes e belos, ninguém se interessará por nós. Hoje em dia, muitas pessoas buscam visibilidade somente para preencher um vazio interior, como se fôssemos pessoas eternamente necessitadas de afirmação. Porém, imaginem um mundo onde todos mendigam motivos para chamar atenção dos outros e ninguém está disposto a querer gratuitamente o bem de outra pessoa. Imaginem um mundo assim: um mundo sem a gratuidade de querer bem! Parece um mundo humano, mas, na verdade, é um inferno.

OLHAR NOS OLHOS

O narcisismo do homem nasce de um sentimento de solidão e orfandade. Por trás de tantos comportamentos inexplicáveis está a seguinte pergunta: é possível que eu não mereça ser chamado pelo nome, isto é, ser amado? Porque o amor sempre chama pelo nome. Por trás de tantas formas de ódio social e delinquência, há, muitas vezes, um coração que não foi reconhecido. Não existem crianças más, assim como não existem adolescentes malvados. Existem pessoas infelizes. E o que pode nos tornar felizes senão a experiência do amor dado e recebido? A vida do ser humano é uma troca de olhares: alguém que, nos olhando, nos arranca um sorriso, e nos leva a gratuitamente sorrir para quem está fechado na tristeza e, assim, lhe abrir um caminho de saída. Troca de olhares: olhar nos olhos e abrir as portas do coração.

ABRIR AS PORTAS
DO CORAÇÃO

Deus ama primeiro. Ele não nos ama porque em nós há qualquer razão que suscite amor. Deus nos ama porque Ele mesmo é amor, e o amor tende, por sua natureza, a difundir-se, a doar-se. Deus não liga nem mesmo a sua benevolência à nossa conversão: essa é uma consequência do amor que Ele dispensa a nós. São Paulo diz de maneira perfeita: "Deus demonstra o seu amor por nós no fato de que, enquanto éramos pecadores, Cristo morreu por nós" (Rm 5, 8). Enquanto ainda éramos pecadores. Um amor incondicional. Éramos "distantes", como o filho pródigo da parábola: "Quando ainda estava distante, seu pai o viu, teve compaixão" (Lc 15, 20). Deus nos quis bem também quando estávamos errados. Quem de nós ama dessa maneira, se não quem é pai ou mãe?

DEUS AMA COMO UMA MÃE

ma mãe continua a querer bem seu filho mesmo quando ele está preso. Na minha diocese anterior, eu me lembro de muitas mães que faziam fila para entrar na prisão e não se envergonhavam. O filho estava no cárcere, mas ele ainda era seu filho. Elas sofriam tantas humilhações nas revistas antes de entrar, mas:

"É o meu filho!"

"Mas, senhora, seu filho é um delinquente!"

"É o meu filho!"

Somente esse amor de mãe e de pai nos faz entender como é o amor de Deus. Uma mãe não pede o cancelamento da justiça humana, porque todo erro exige uma redenção, mas ela nunca deixa de sofrer pelo próprio filho. Ama-o mesmo sendo pecador. Deus faz a mesma coisa conosco: somos os seus filhos amados!

A PARTILHA COMO MODO DE VIDA

 ão pensemos nos pobres apenas como destinatários de uma boa obra de voluntariado, que se pratica uma vez por semana, ou, menos ainda, como destinatários de gestos improvisados de boa vontade para estar em paz com a própria consciência. Essas experiências, embora válidas e úteis a fim de sensibilizar para as necessidades de tantos irmãos e para as injustiças que frequentemente sofrem, deveriam proporcionar um verdadeiro encontro com os pobres e dar lugar a uma partilha que se torne estilo de vida. E desse modo de viver derivam a alegria e a paz de espírito, porque se toca palpavelmente a carne de Cristo.

POBREZA: UMA ATITUDE CRISTÃ

 pobreza é uma atitude do coração que impede de conceber o dinheiro, a carreira e o luxo como objetivo de vida e condição para a felicidade. Além disso, é a pobreza que cria condições para assumir livremente as responsabilidades pessoais e sociais, não obstante as próprias limitações, confiando na proximidade de Deus e na vida apoiada pela sua graça. Assim entendida, a pobreza é o metro que permite aferir o uso correto dos bens materiais e também viver de modo não egoísta nem possessivo os laços e os afetos.

SINAIS DE POBREZA

abemos a grande dificuldade que há, no mundo contemporâneo, para identificar claramente a pobreza. E todavia esta interpela-nos todos os dias com os seus inúmeros rostos vincados pelo sofrimento, marginalização, opressão, violência, torturas e prisão, pela guerra, pela privação da liberdade e da dignidade, pela ignorância e o analfabetismo, pela emergência sanitária e a falta de trabalho, pelo tráfico de pessoas e a escravidão, pelo exílio e a miséria, pela migração forçada. A pobreza tem o rosto de mulheres, homens e crianças explorados para vis interesses, espezinhados pelas lógicas perversas do poder e do dinheiro. Como é impiedoso e nunca completo o elenco que se é constrangido a elaborar à vista da pobreza, fruto da injustiça social, da miséria moral, da avidez de poucos e da indiferença generalizada!

BÊNÇÃO DE DEUS

nfelizmente, nos nossos dias, enquanto sobressai cada vez mais a riqueza descarada que se acumula nas mãos de poucos privilegiados, frequentemente acompanhada pela ilegalidade e pela exploração ofensiva da dignidade humana, causa escândalo a extensão da pobreza a grandes setores da sociedade no mundo inteiro. Diante desse cenário, não se pode permanecer inerte e, menos ainda, resignado.

Benditas as mãos que se abrem para acolher os pobres e socorrê-los: são mãos que levam esperança. Benditas as mãos que superam toda a barreira de cultura, religião e nacionalidade, derramando óleo de consolação nas chagas da humanidade. Benditas as mãos que se abrem sem pedir nada em troca, sem "se" nem "mas", nem "talvez": são mãos que fazem descer sobre os irmãos a bênção de Deus.

COMO CONSOLAR

experiência da consolação, que é uma experiência espiritual, precisa sempre da alteridade para ser plena: ninguém pode consolar-se a si mesmo. A consolação é uma passagem do dom recebido ao serviço doado. A consolação verdadeira tem dupla alteridade: é dom e serviço. Assim, se eu deixo a consolação do Senhor entrar como dom é porque eu preciso ser consolado. Para ser consolado, é preciso reconhecer-se necessitado. Somente assim o Senhor vem, nos consola e nos dá a missão de consolar os outros. Não é fácil ter o coração aberto para receber o dom e fazer o serviço, duas alteridades que tornam possível a consolação.

CORAÇÃO ABERTO AO SENHOR

queles que são felizes têm um coração aberto. O coração se abre com uma atitude de pobreza de espírito. Os que sabem chorar, os mansos e humildes de coração; os que têm fome de justiça e que lutam por ela; os que são misericordiosos e que têm misericórdia pelos outros; os puros de coração; os agentes de paz e os que são perseguidos pela justiça, por amor à justiça. Assim o coração se abre e o Senhor vem com o dom da consolação e a missão de consolar os outros.

A PRESENÇA DA MULHER É NECESSÁRIA

As mulheres, ligadas ao mistério da vida, podem fazer muito para promover o espírito de fraternidade, com seu cuidado na preservação da vida e sua convicção de que o amor é a única força que pode tornar o mundo habitável para todos.

Elas, com sua capacidade de ouvir, acolher e se abrir generosamente aos outros, podem oferecer uma contribuição importante ao diálogo. Graças à contribuição feminina, é possível superar a cultura do descarte. As mulheres estão comprometidas no diálogo inter-religioso e, assim, contribuem para uma melhor compreensão dos desafios de uma realidade multicultural. O diálogo é um caminho que a mulher e o homem devem realizar juntos. Hoje, é mais necessário do que nunca que as mulheres estejam presentes.

A VERDADEIRA UNIDADE

uando se quer dar um golpe de Estado, a mídia começa a falar mal dos dirigentes, e, com a calúnia e a difamação, essas pessoas ficam manchadas. De maneira mais concreta, o mesmo acontece nas nossas comunidades paroquiais, quando dois ou três começam a criticar o outro. E fazem uma falsa unidade para condená-lo. Depois, se separam e falam mal um contra o outro, pois estão divididos. Por isso, a fofoca é uma atitude assassina, porque mata, exclui as pessoas, destrói a reputação delas. Lembrem-se sempre da grande vocação à qual fomos chamados: a unidade com Jesus, o Pai. E esse é o caminho que devemos seguir, homens e mulheres que se unem e buscam sempre prosseguir no caminho da unidade.

SABOR DA INFÂNCIA

uando nasce uma criança, esta complica os horários, nos faz perder o sono, mas traz uma alegria que renova a vida, impelindo-a para a frente, dilatando-a no amor. Do mesmo modo, o Espírito Santo traz à Igreja um "sabor de infância". Realiza renascimentos contínuos. Reaviva o amor do começo. O Espírito lembra à Igreja que, não obstante os seus séculos de história, é sempre uma jovem de vinte anos, a Noiva jovem por quem o Senhor está perdidamente apaixonado. Não nos cansemos, então, de convidar o Espírito para os nossos ambientes, de invocá-lo antes das nossas atividades: "Vinde, Espírito Santo!".

OLHAR HORIZONTES

a vida, devemos nos acostumar com este caminho: deixar algumas coisas e encontrar coisas novas. Isso também é um risco. Teus companheiros não serão os mesmos. Talvez você os encontrará novamente e conversará com eles, mas você deve encontrar novos companheiros. É um desafio. Devemos seguir em frente para crescer. Olhem para aquela parede. O que há atrás dela? Você não sabe? Esse é o modo como uma pessoa não pode crescer. Tem uma parede na sua frente. Ela não sabe o que há do outro lado. Mas se você vai do lado de fora, ao campo, por exemplo, o que você vê onde não há paredes? Tudo! Você vê o horizonte. Devemos aprender a olhar a vida olhando os horizontes. Sempre mais, sempre mais. Sempre em frente. Isso acontece ao conhecer pessoas novas, ao conhecer novas situações.

SOBRE A FAMÍLIA

s famílias não são peças de museu. Através delas, concretiza-se o dom no compromisso recíproco, na abertura generosa aos filhos e no serviço à sociedade. Não há melhor aliado para o progresso integral da sociedade do que favorecer a presença das famílias no tecido social. Elas são aliadas do bem comum e da paz. A família é uma comunhão de pessoas, motor da verdadeira humanização e da evangelização. Por isso, hoje, mais do que nunca, é necessária a cultura do encontro, na qual se revaloriza a unidade na diferença, a reciprocidade, a solidariedade entre gerações. A família precisa dialogar e se encontrar com os outros para dar vida a uma unidade que não seja uniformidade. Que a família possa exercitar a tripla missão de apoiar as novas gerações, de acompanhar e guiar no caminho de cada dia.

ESPERANÇA E VIDA

"Enquanto há vida, há esperança", diz um ditado popular; e também é verdade o contrário: enquanto há esperança, há vida. Os homens precisam de esperança para viver e precisam do Espírito Santo para esperar. A esperança é realmente como uma vela: ela recolhe o vento do Espírito Santo e o transforma em uma força motriz que impulsiona o barco, conforme a necessidade, para o mar ou para a terra.

OUVIR O ESPÍRITO SANTO

Eu sou capaz de pedir inspiração ao Espírito Santo antes de tomar uma decisão, dizer uma palavra ou fazer algo? Ou o meu coração está tranquilo, fixo, sem emoções? Se fizéssemos um eletrocardiograma espiritual de certos corações, o resultado seria linear, sem emoções, pois eles não se deixam inquietar. Devemos sentir e discernir o que sente o meu coração, porque o Espírito Santo é o mestre do discernimento. Peço que Ele me guie pelo caminho que devo escolher na minha vida e também todos os dias? Peço que Ele me dê a graça de distinguir o bom do menos bom? Essa é a pergunta que eu gostaria de semear hoje no coração de vocês. Peçamos a graça de aprender essa linguagem e ouvir o Espírito Santo.

VÁ ADIANTE, ESTOU CONTIGO

Deus não gosta de ser amado como um general que leva o seu povo à vitória, derrotando os adversários no sangue. Nosso Deus é uma frágil chama que arde em um dia de frio e vento. Parece ser algo do acaso, assemelha-se a um de tantos encontros que ocorrem na vida. Nosso Deus não é um Deus invasor. Mesmo se já conhece o motivo da desilusão, deixa-lhes tempo para poder ver as profundidades da amargura que lhes envolveu. Jesus caminha com todas as pessoas desanimadas que seguem com a cabeça baixa. E caminhando com eles, de maneira discreta, começa a dar esperança. A verdadeira esperança nunca se alcança a um preço baixo: passa sempre pela derrota. Jesus sempre está ao nosso lado para nos dar a esperança, para aquecer nossos corações e nos dizer "Vá adiante, eu estou contigo. Vá adiante".

DEUS CAMINHA CONOSCO

Deus caminhará conosco sempre, mesmo nos momentos mais dolorosos, mais difíceis, de derrota. Ali está o Senhor, e essa é a nossa esperança. Prossigamos com essa esperança, porque Ele está do nosso lado caminhando conosco, sempre!

TORNAR-SE SANTO

 esmo na doença e no sofrimento, mesmo na dificuldade, seja aberto a Deus. Só assim é possível se tornar santo. Não pensemos que é uma coisa difícil, que é mais fácil ser delinquente que santo. Não! É possível sermos santos porque quem nos ajuda é o Senhor. Que o Senhor nos dê a graça de acreditar tão profundamente Nele a ponto de nos tornarmos imagem de Cristo para este mundo. Esse é o grande presente que cada um de nós poderá dar ao mundo. A nossa história precisa de "místicos": pessoas que rejeitam qualquer domínio, que aspiram à caridade e à fraternidade. Homens e mulheres que vivem aceitando também uma porção de sofrimento porque carregam também a fadiga de outros. Sem esses homens e mulheres, o mundo não teria esperança. Por isso, desejo que o Senhor nos dê a esperança de sermos santos.

DATAS
FESTIVAS

QUARESMA:
PARE, OLHE E REGRESSE

esconfiança, apatia e resignação são os demônios que cauterizam e paralisam a alma do povo crente. A Quaresma é tempo precioso para desmascarar essas e outras tentações e deixar que o nosso coração volte a bater segundo as palpitações do coração de Jesus.

Pare de correr sem sentido. Deixe de lado essa obrigação de viver de forma acelerada, que dispersa, divide e acaba por destruir o tempo da família, o tempo da amizade, o tempo dos filhos, o tempo dos avós, o tempo da gratuidade… o tempo de Deus.

Olhe o rosto das nossas famílias que continuam a apostar dia após dia, fazendo um grande esforço para avançar na vida. Olhe os rostos dos nossos idosos, enrugados pelo passar do tempo: rostos portadores da memória viva do nosso povo. Rostos da sabedoria operante de Deus.

Olhe os rostos dos nossos doentes e de quantos se ocupam deles; rostos que, na sua vulnerabilidade e no seu serviço, nos lembram que o valor de cada pessoa não pode jamais se reduzir a uma questão de cálculo ou de utilidade.

Regresse, sem medo, aos braços ansiosos e estendidos de teu Pai, rico em misericórdia, que te espera, já que este é o tempo para se deixar tocar o coração. Deus não se cansa nem se cansará de estender a mão.

DESPERTAR DA PÁSCOA

A Páscoa de Cristo fez explodir no mundo a novidade do diálogo e da relação, novidade que para os cristãos se tornou uma responsabilidade. De fato, Jesus disse: "Disso saberão que sois meus discípulos: se amarem uns aos outros".

Não podemos nos fechar em nosso mundo, em nosso grupo, mas somos chamados a nos ocuparmos do bem comum, a cuidar dos irmãos, especialmente dos mais frágeis e marginalizados. Somente a fraternidade pode garantir uma paz duradoura, derrotar a pobreza, superar as tensões e as guerras, extirpar a corrupção e a criminalidade.

ESPÍRITO SANTO (PARA O DIA DE PENTECOSTES)

 Espírito Santo é o vento que nos impulsiona para a frente, que nos mantém em caminho, nos faz sentir peregrinos e estrangeiros, e não nos permite parar e nos tornar um povo "sedentário". Deus é aquele que agora nos faz esperar, mais ainda, nos torna "alegres na esperança": felizes enquanto esperam, e não apenas esperar para sermos felizes. É a alegria de esperar, e não esperar para ter alegria. O Espírito Santo torna possível essa esperança invencível dando-nos o testemunho interior de que somos filhos de Deus e seus herdeiros. O amor de Deus foi derramado em nossos corações pelo Espírito Santo, e é o Espírito Santo dentro de nós que nos impulsiona a seguir em frente, sempre! Por isso, a esperança não decepciona.

FORÇA DIVINA QUE MUDA O MUNDO

vinda do Espírito Santo no Pentecostes é comparada a um "vendaval impetuoso" (At 2,2). Que nos diz esta imagem? A rajada de vento sugere uma força grande, mas não finalizada em si mesma: é uma força que muda a realidade. De fato, o vento traz mudança: correntes quentes quando está frio, frescas quando está calor, chuva quando há secura. O mesmo, embora em nível muito diferente, faz o Espírito Santo: Ele é a força divina que muda o mundo. O Espírito é "descanso na luta, conforto no pranto".

CONFIEM EM NOSSA SENHORA APARECIDA

sperança é a virtude que deve permear os corações dos que creem, sobretudo, quando ao nosso redor as situações de desespero parecem querer nos desanimar. Não se deixem vencer pelo desânimo. Confiem em Deus, confiem na intercessão de Nossa Senhora Aparecida. Que o singelo sorriso de Maria, que conseguimos vislumbrar em sua imagem, seja fonte do sorriso de cada um de vocês diante das dificuldades da vida. O cristão jamais pode ser pessimista.

NATAL I

 as casas cristãs, durante o período do Advento, é preparado o presépio, segundo a tradição que remonta a são Francisco de Assis. Na sua simplicidade, o presépio transmite a esperança. O nascimento do Messias marca o momento no qual a esperança entrou no mundo, com a encarnação do Filho de Deus. Qual o sentido do

Natal? Deus realiza a promessa, fazendo-se homem. Assim, Deus demonstra a sua fidelidade e inaugura um Reino novo. Quando se fala de esperança, frequentemente se fala daquilo que não está no poder do homem e que não é visível. De fato, o que esperamos vai além das nossas forças e do nosso olhar. Mas o Natal de Cristo, inaugurando a redenção, nos fala de uma esperança diferente, uma esperança confiável, visível e compreensível, porque é fundada em Deus.

NATAL 2

O Filho de Deus "vem" no seio de Maria para se tornar homem e ela o acolhe. Assim, de modo único, Deus se aproximou do ser humano tomando a carne de uma mulher. De maneira diferente, também Deus se aproxima de nós com sua graça para entrar na nossa vida e nos oferecer o seu Filho. Assim como Maria se ofereceu ao Senhor da história e Lhe permitiu mudar o destino da humanidade, também nós, acolhendo Jesus e buscando segui-lo, podemos cooperar para a nossa salvação e a salvação do mundo. José também acolhe Aquele que nela foi concebido pela obra admirável de Deus. Essas duas figuras, Maria e José, nos introduzem no mistério do Natal: Maria nos coloca em atitude de disponibilidade para acolher o Filho de Deus, José nos impulsiona a buscar a vontade de Deus e segui-la com plena confiança.

A TODOS, O DOM DA SALVAÇÃO (NATAL 3)

ovida pelo Espírito Santo, Maria acolheu o Verbo da vida na profundidade da sua fé humilde. Que a Virgem nos ajude a dizer o nosso "sim" à urgência de fazer ressoar a Boa-Nova de Jesus no nosso tempo; obtenha de nós um novo ardor de ressuscitados para levar, a todos, o Evangelho da vida que vence a morte; interceda por nós, a fim de termos uma santa ousadia de procurar novos caminhos para que chegue a todos o dom da salvação.

DIA MUNDIAL DOS POBRES

(Data criada pelo papa Francisco e comemorada a partir de 2017 no 33º domingo do ano, geralmente o segundo do mês de novembro.)

o termo do Jubileu da Misericórdia, quis oferecer à Igreja o Dia Mundial dos Pobres, para que as comunidades cristãs se tornem o sinal concreto da caridade de Cristo pelos últimos e os mais carenciados. Convido a Igreja inteira e os homens e mulheres de boa vontade a fixar o olhar, neste dia, em todos aqueles que estendem suas mãos invocando ajuda e pedindo nossa solidariedade. São nossos irmãos e irmãs, criados e amados pelo único Pai Celeste. Que este novo Dia Mundial se torne, pois, um forte apelo à nossa consciência crente, para ficarmos cada vez mais convictos de que partilhar com os pobres permite-nos compreender o Evangelho na sua verdade mais profunda. Os pobres não são um problema: são um recurso de que se deve lançar mão para acolher e viver a essência do Evangelho.

DIA MUNDIAL DOS POBRES: SINAL DE FRATERNIDADE

eus criou o céu e a terra para todos; foram os homens que, infelizmente, ergueram fronteiras, muros e recintos, traindo o dom originário destinado à humanidade sem qualquer exclusão. Crentes, reajam à cultura do descarte e do desperdício, assumindo a cultura do encontro. Esse convite é dirigido a todos, independentemente da sua pertença religiosa, para que se abram à partilha com os pobres em todas as formas de solidariedade, como sinal concreto de fraternidade.

SER
CRISTÃO

CRISTÃOS SÃO A CONTRACORRENTE

s cristãos são homens e mulheres "contracorrente". É normal, porque o mundo é marcado pelo pecado, que se manifesta em várias formas de egoísmo e de injustiça. Quem segue Cristo caminha na direção contrária. Não por espírito polêmico, mas por fidelidade à lógica do Reino de Deus, que é uma lógica de esperança e se traduz no estilo de vida baseado nas indicações de Jesus. Os cristãos devem, portanto, estar "do outro lado" do mundo, aquele escolhido por Deus: não dos perseguidores, mas dos perseguidos; não dos arrogantes, mas dos mansos; não dos vendedores de fumo, mas dos submetidos à verdade; não dos impostores, mas dos honestos.

POR QUE BATIZAR AS CRIANÇAS

or que batizar uma criança que não entende? Esperemos que cresça, e que ela mesma peça o batismo.

Agir assim significa não ter confiança no Espírito Santo, porque quando nós batizamos uma criança, entra naquela criança o Espírito Santo e Ele faz crescer nela as virtudes cristãs que depois florescerão.

Sempre se deve dar essa oportunidade a todos, a todas as crianças, de ter dentro de si o Espírito Santo que as guia durante toda a vida.

SOBRE BATIZADOS

que significa revestir-se de Cristo? São Paulo recorda quais são as virtudes que os batizados devem cultivar: "escolhidos por Deus, santos e amados, devem revestir-se de sentimentos de ternura, de bondade, de humildade, de mansidão, de magnanimidade, suportando reciprocamente e perdoando uns aos outros, mas, sobretudo, devem revestir-se da caridade que os une de modo perfeito".

BATISMO: SEGUNDO ANIVERSÁRIO

quele de vocês que não se lembra da data do batismo, pergunte à sua mãe, aos seus tios, aos primos: "Você sabe qual é a data do meu batismo?". E não se esqueça jamais.

E agradeçam ao Senhor, porque é o dia em que Jesus entrou em você, o Espírito Santo passou a habitar em você. Entenderam bem o dever de casa? Todos nós devemos saber a data do nosso batismo. É outro aniversário: é o aniversário do renascimento.

BATISMO: ENCONTRO COM CRISTO

ascemos duas vezes: a primeira à vida natural; a segunda, graças ao encontro com Cristo, na fonte batismal. Ali morremos para a morte, para viver como filhos de Deus neste mundo. Ali nos tornamos humanos como jamais poderíamos imaginar. Em nós vive e age o Espírito de Jesus, primogênito de muitos irmãos, de todos aqueles que se opõem à inevitabilidade das trevas e da morte. Que graça quando um cristão se torna verdadeiramente "Cristóforo", ou seja, "portador de Jesus" no mundo!

BATISMO:
FORÇA CONTRA O MAL

o dia do nosso batismo, ressoou para nós a invocação dos santos. Muitos de nós, naquele momento, éramos crianças, portanto, estávamos nos braços dos pais. Pouco antes de fazer a unção com o óleo dos catecúmenos, símbolo da força de Deus na luta contra o mal, o sacerdote convidou toda a assembleia a rezar por aqueles que estavam para receber o Batismo, invocando a intercessão dos santos. Aquela era a primeira vez em que, no curso da nossa vida, nos era presenteada essa companhia dos irmãos e irmãs "maiores" — os santos —, que passaram pela nossa mesma estrada, que conheceram nossos mesmos cansaços e vivem para sempre no abraço de Deus. A carta aos Hebreus define essa companhia que nos circunda com a expressão "multidão de testemunhas" (12, 1). Assim são os santos: uma multidão de testemunhas.

SOBRE A CONFISSÃO

 cristão é um pecador. Todos o somos. Eu sou. Mas temos a certeza de que quando pedimos perdão, o Senhor nos perdoa. Tenham a coragem de se confessar.

VIDA, EXEMPLO E PALAVRA

ão se pode evangelizar em teoria. A evangelização é um pouco corpo a corpo, pessoa a pessoa. Parte-se da situação, não das teorias. Anuncia Jesus Cristo, e a coragem do Espírito o impulsiona a batizá-lo. Vai além, vai, vai, até que sente que acabou a sua obra.

Isso é o que a evangelização faz. Essas três palavras são fundamentais para todos nós, cristãos: devemos evangelizar com a nossa vida, com o nosso exemplo e também com a nossa palavra. É um método simples, mas é o método de Jesus. Ele evangelizava assim. Sempre em caminho, sempre na estrada, sempre próximo às pessoas, e sempre a partir de situações concretas. É o Espírito que nos impulsiona a nos levantar, a nos aproximar e a partir das situações.

SE ABRIR AO NOVO

empre haverá resistência ao Espírito Santo. Sempre, até o fim do mundo. Que o Senhor nos conceda a graça para saber resistir ao que devemos resistir, ao que vem do maligno, ao que nos tira a liberdade, e saibamos nos abrir às novidades, mas somente àquelas que vêm de Deus, com o poder do Espírito Santo, e nos conceda a graça de discernir os sinais dos tempos para tomar as decisões que deveremos tomar naquele momento.

SOBRE LER A BÍBLIA

 Bíblia contém a Palavra de Deus, que é sempre atual e eficaz. Alguém disse: "O que aconteceria se usássemos a Bíblia como usamos o nosso celular?". Se a levássemos sempre conosco; se voltássemos quando a esquecemos, se a abríssemos várias vezes por dia; se lêssemos as mensagens de Deus contidas na Bíblia como lemos as mensagens em nosso celular. A comparação é paradoxal, mas faz refletir. Se tivéssemos a Palavra de Deus sempre no coração, nenhuma tentação poderia nos afastar de Deus e nenhum obstáculo poderia nos desviar no caminho do bem.

Saberíamos vencer as propostas do Mal que está dentro e fora de nós; e seríamos mais capazes de viver uma vida ressuscitada segundo o Espírito, acolhendo e amando nossos irmãos, especialmente os mais frágeis e carentes, inclusive nossos inimigos.

PARA ENCONTRAR DEUS

ara encontrar Deus, basta reconhecer-se necessitado; o caminho para encontrá-lo é tornar-se pequeno por dentro.

#Ser santo hoje

Manter o coração limpo de tudo o que mancha o amor, semear a paz por todo o lado, abraçar diariamente o caminho do Evangelho mesmo que nos traga problemas: isso é santidade.

O Senhor chama cada um de nós à santidade, até você.

Você é um trabalhador? Seja santo, cumprindo com honestidade e competência o seu trabalho ao serviço dos irmãos.

Está casado? Seja santo, amando e cuidando do seu marido ou sua esposa, como Cristo fez com a Igreja.

É consagrado(a)? Seja santo(a), vivendo com alegria a sua doação.

É pai, mãe, avó ou avô? Seja santo, ensinando com paciência as crianças a seguirem Jesus.

Está investido em autoridade? Seja santo, lutando pelo bem comum e renunciando aos seus interesses pessoais.

VIDA CRISTÃ

A vida cristã deve ser uma vida que deve florescer. Quem é a raiz? É Jesus. Se não regarmos nossa vida com os sacramentos e a oração, não poderemos ter uma vida cristã.

SOBRE O INFERNO

O inferno é querer afastar-se de Deus por rejeitar o amor dele. Vai ao inferno somente aquele que diz a Deus: "Não preciso de você, eu me viro sozinho", assim como fez o diabo, que é o único que temos certeza de que está no inferno.

ACOLHIMENTO

uem quer conhecer Jesus deve olhar para a cruz, onde sua glória é revelada. Na imagem de Jesus crucificado se revela o mistério da morte do Filho de Deus como supremo ato de amor, fonte de vida e de salvação para a humanidade de todos os tempos. O que significa perder a vida? Significa pensar menos em si mesmo, nos interesses pessoais, em saber "ver" e ir ao encontro do próximo, dos mais necessitados, especialmente dos últimos. Cumprir com alegria obras de caridade aos que sofrem no corpo e no espírito é a maneira mais autêntica de viver o Evangelho, é o fundamento necessário para que nossas comunidades cresçam na fraternidade e no acolhimento recíproco.

SER CRISTÃO NO PENSAMENTO

 Igreja nos fala da conversão dos sentimentos. Também os sentimentos devem se converter. Pensemos na parábola do bom samaritano: converter-se à compaixão. Sentimentos cristãos. Conversão das obras, conversão dos sentimentos. Hoje, porém, nos fala da "conversão do pensamento": não daquilo que pensamos, mas também de como pensamos, do estilo do pensamento.

Podemos nos fazer a seguinte pergunta: com que espírito eu penso? Com o espírito do Senhor ou com o meu próprio espírito? Com o espírito da comunidade à qual pertenço ou do grupinho ou classe social da qual faço parte, do partido político ao qual pertenço? Com que espírito eu penso? Devemos pedir a graça de discernir quando penso com o espírito do mundo e quando penso com o espírito de Deus. Pedir a graça da conversão do pensamento.

DISCERNIMENTO

O tempo em que vivemos exige de nós desenvolver uma profunda capacidade de discernimento. Discernir, entre todas as vozes, qual é a voz do Senhor, que nos conduz à Ressurreição, à vida, e a voz que nos livra de cair na "cultura da morte". Rezemos juntos para que toda a Igreja reconheça a urgência da formação para o discernimento espiritual no plano pessoal e comunitário.

PELO BEM DE TODOS

Somos chamados a ter sempre presentes aquelas palavras fortes de Jesus: "Não façais da casa de meu Pai uma casa de comércio!". Elas nos ajudam a refutar o perigo de fazer da nossa alma, que é morada de Deus, um lugar de comércio, vivendo na busca contínua da nossa recompensa, ao invés do amor generoso e solidário.

Esse ensinamento de Jesus é sempre atual, não somente para as comunidades eclesiais, mas também para os indivíduos, para as comunidades civis e para as sociedades.

ESCUTE E PERDOE

Muitas vezes, penso que nós não ensinamos o nosso povo a adorar. Sim, nós os ensinamos a rezar, a cantar, a louvar a Deus, mas a adorar…

A oração de adoração, esta que nos prostra sem nos prostrar: a prostração da adoração nos dá nobreza e grandeza. Nós somente podemos chegar lá com a memória de termos sido eleitos, de ter dentro do coração uma promessa que nos impele a seguir e com a aliança nas mãos e no coração. E sempre em caminho: caminho difícil, caminho em subida, mas em caminho rumo à adoração. Nos fará bem, hoje, tomar um pouco de tempo em oração, com a memória de nosso caminho, a memória das graças recebidas, a memória da eleição, da promessa, da aliança, e procurar se elevar, rumo à adoração. E em meio a ela, com muita humildade, dizer somente esta pequena oração: "Escute e perdoe".

PROTEÇÃO MATERNA

 a minha oração, coloco todos vocês nas mãos de Nossa Senhora. Tenham a certeza de que ela os acompanhará em todos os momentos de suas vidas. Não deixem de rezar, não deixem de pedir, não deixem de ter confiança na sua proteção materna.

NOVE CONSELHOS DO PAPA PARA O CASAMENTO

1. **NÃO SE CONCENTREM EM CONVITES, VESTIDO OU FESTA**
   Em vez de darem prioridade ao amor mútuo e à sua formalização diante dos outros.
2. **OPTEM POR UMA CELEBRAÇÃO AUSTERA E SIMPLES**
   O que importa é o amor que vos une, fortalecido e santificado pela graça.
3. **O MAIS IMPORTANTE É O SACRAMENTO E O CONSENTIMENTO**
   As palavras que dirão implicam uma totalidade que inclui o futuro: "até que a morte os separe".
4. **DEEM VALOR E PESO PARA A PROMESSA QUE FARÃO**
   Liberdade e fidelidade não se opõem uma à outra, aliás apoiam-se reciprocamente.
5. **RECORDEM QUE ESTARÃO ABERTOS À VIDA**
   A vida conjugal torna-se, de algum modo, liturgia.

6. **O MATRIMÔNIO NÃO É DE UM DIA, DURA A VIDA INTEIRA**
   Não é apenas um momento que depois passa a fazer parte do passado e das recordações.

7. **REZEM ANTES DE SE CASAR**
   Um pelo outro, pedindo ajuda a Deus para serem fiéis e generosos.

8. **O CASAMENTO É UMA OCASIÃO PARA ANUNCIAR O EVANGELHO**
   O vinho bom do milagre do Senhor, que alegra o nascimento de uma nova família.

9. **CONSAGREM SEU MATRIMÔNIO À VIRGEM MARIA**
   Comecem a vida matrimonial ante uma imagem de Nossa Senhora e dediquem a data a ela.

CUIDADO COM AS 7 TENTAÇÕES

1. A tentação de deixar-se arrastar, e não guiar.
2. A tentação de lamentar-se continuamente.
3. A tentação da crítica e da inveja.
4. A tentação de se comparar com os outros.
5. A tentação do "faraonismo", isto é, endurecer o coração e fechá-lo ao Senhor e aos irmãos.
6. A tentação do individualismo.
7. A tentação de caminhar sem bússola nem meta.

CORAGEM E PACIÊNCIA

Para a oração de intercessão, são necessárias duas coisas: coragem e paciência. Se eu quero que o Senhor ouça algo que eu peço, devo ir e bater à porta, e bato no coração de Deus. Mas porque o meu coração está envolvido com isso! Se o meu coração não se envolve com aquela necessidade, com aquela pessoa pela qual devo rezar, não será capaz nem mesmo da coragem e da paciência.

Que o Senhor nos dê essa graça: a graça de rezar diante de Deus com liberdade, como filhos; de rezar com insistência, de rezar com paciência. Mas, sobretudo, de rezar sabendo que eu falo com meu Pai, e meu Pai me ouvirá.

SANTOS DO SÉCULO XXI

Moças e rapazes, por favor, não se desenraizem. Avós e anciãos, não deixem de transmitir às jovens gerações as raízes de seu povo e a sabedoria do caminho para chegar ao céu. Convido todos a não ter medo de ser santos do século XXI.

SENHA PARA A FÉ

"ue faria Cristo no meu lugar?"

Essa pergunta é a senha, a carga de bateria para acender o nosso coração, acender a fé e a centelha nos nossos olhos, isto é, sermos protagonistas da história. Ter olhos cintilantes porque descobrimos que Jesus é fonte de vida e de alegria.

Ide com a única promessa que temos: no meio do deserto, do caminho, da aventura, sempre haverá a conexão, sempre existirá um carregador de baterias. Não estaremos sozinhos. Sempre gozaremos da companhia de Jesus, de sua Mãe e de uma comunidade.

A MATERNIDADE
É UM PRESENTE

aternidade não é, e nunca será, um problema; é um presente, um dos presentes mais maravilhosos que pode existir. As mulheres têm uma capacidade incrível de adaptar-se às situações e seguir em frente. Essa capacidade que vos permite lutar contra a multidão de determinismos "coisificantes", isto é, que transformam as pessoas em coisas, que acabam por matar a esperança. Nenhum de nós é uma coisa: todos somos pessoas e, como pessoas, temos essa dimensão da esperança.

TRABALHAR PELA PAZ

esus vem sacudir aquela prostração negativa, chamada resignação, que nos faz crer que se pode viver melhor se evitarmos os problemas, se fugirmos dos outros, se nos escondermos ou nos fecharmos nas nossas comodidades, se nos adormentarmos num consumismo tranquilizador.

Jesus nos diz: bem-aventurados aqueles que se comprometem em prol da reconciliação. Felizes aqueles que são capazes de sujar as mãos e trabalhar para que outros vivam em paz.

SILÊNCIO

 silêncio não se reduz à ausência de palavras, mas na disposição de escutar outras vozes: a do nosso coração e, sobretudo, a voz do Espírito Santo.

AMAR O POBRE

mar o pobre significa lutar contra todas as pobrezas, espirituais e materiais.

Nos pobres manifesta-se a presença de Jesus, que, sendo rico, se fez pobre.

Por isso, neles, na sua fragilidade, há uma força de salvação. E, se aos olhos do mundo têm pouco valor, são eles que nos abrem o caminho para o Céu. São eles o nosso passaporte para o paraíso.

É por isso que ninguém pode ser considerado inútil, ninguém pode acreditar que é tão pobre que não possa dar algo aos outros. Nós fomos escolhidos e abençoados por Deus, que deseja dar-nos os seus dons, muito mais do que o pai ou a mãe querem para os seus filhos. E Deus, aos olhos de quem nenhum filho pode ser descartado, confia uma missão a cada um.

RICO É QUEM DÁ

iante de nós, está esta escolha: viver para ter na terra ou dar para ganhar o Céu. Com efeito, para o Céu, não vale o que se tem, mas o que se dá, e "quem amontoa para si" não é "rico em relação a Deus".

O REINO DE DEUS

uando chegará o Reino de Deus?

O Reino de Deus está no meio de nós.

Mas quem faz crescer aquela semente, quem a faz germinar? Deus, o Espírito Santo que está em nós. E o Espírito Santo é espírito de mansidão, espírito de humildade, é espírito de obediência, espírito de simplicidade. É ele que faz crescer dentro de nós o Reino de Deus, não são os planos pastorais, as grandes coisas… Não. É o Espírito, escondido. Faz crescer, chega o momento e aparece o fruto. Nós todos somos chamados a trilhar essa estrada do Reino de Deus: é uma vocação, uma graça, um dom. É gratuito, não se compra. É uma graça que Deus nos dá. E nós todos, batizados, temos dentro de nós o Espírito Santo. Como é a minha relação com o Espírito Santo, que faz crescer em mim o Reino de Deus? Uma bela pergunta para todos nós fazermos hoje.

FAMÍLIA

 família que nasce do matrimônio gera grandes vínculos que funcionam como o antídoto mais eficaz contra o individualismo, embora também no caminho do amor conjugal e da vida familiar surjam situações que exigem escolhas complexas que devem ser tomadas com retidão.

A SALVAÇÃO É GRATUITA

Se não se entende a gratuidade do convite de Deus, não se entende nada. A iniciativa de Deus é gratuita. Mas para ir a esse banquete o que se deve pagar? O bilhete de entrada é estar doente, é ser pobre, é ser pecador... estar necessitado seja no corpo, seja na alma.

A salvação é gratuita! É um presente de Deus ao qual se responde com outro presente: o presente do meu coração.

ESPERANÇA

Quando você perde a capacidade de sentir-se amado, não há esperança, você perdeu tudo. Isso nos faz pensar na escrita na porta do inferno de Dante: "Deixe a esperança", você perdeu tudo. Peçamos ao Senhor que nos salve de perder a capacidade de nos sentirmos amados.

ELEIÇÃO, PROMESSA E ALIANÇA

 a história da Salvação, três foram os dons e os chamados de Deus ao seu povo. Todos irrevogáveis, porque Deus é fiel: o dom da eleição, o dom da promessa e o dom da Aliança.

Cada um de nós é um eleito, uma eleita de Deus. Cada um de nós carrega uma promessa que o Senhor fez: "Caminhe na minha presença, seja irrepreensível e eu lhe farei isso". E cada um de nós faz alianças com o Senhor. Pode fazê-las ou não querer fazê-las — é livre.

Nesse caminho de escolha rumo à promessa e à Aliança haverá pecados e desobediências, mas diante disso sempre há misericórdia.

É como a dinâmica do nosso caminhar rumo à maturidade: sempre há misericórdia, porque Ele é fiel, não revoga os seus dons. Porque diante das nossas fraquezas, dos nossos pecados, sempre há a misericórdia de Deus.

DEUS É FIEL

enso que pode nos fazer bem, a todos nós, pensar hoje na nossa eleição, nas promessas que o Senhor nos fez, em como vivemos a aliança com o Senhor e como nos deixamos — permitam-me a palavra — "misericordiar" por Ele diante dos nossos pecados, das nossas desobediências. Ao final, saberemos se somos capazes de louvar Deus por aquilo que Ele deu a cada um de nós. Mas jamais devemos nos esquecer: os dons e a chamada de Deus são irrevogáveis.

Como eu sinto a eleição? Ou me sinto cristão, por acaso? Como eu vivo a promessa de salvação no meu caminho e como sou fiel à aliança? Como Ele é fiel?

NOME DE DEUS SANTIFICADO

No salmo 130, um pequeno diz que está diante de Deus como uma criança nos braços do seu pai. Essa é uma das diversas maneiras nas quais o nome de Deus é santificado: sentir-se uma criança em seus braços.

O BOM PASTOR

é uma graça para o povo de Deus ter bons pastores, pastores como Jesus, que não têm vergonha de tocar a carne ferida, que sabem que sobre isso — e não apenas eles, mas também todos nós — seremos julgados: estava com fome, estava na prisão, estava doente. Os critérios do protocolo final são os critérios da proximidade, os critérios dessa proximidade total: o tocar, o compartilhar a situação do povo de Deus.

O GRANDE MANDAMENTO

a Lei de Moisés são mencionados mais de seiscentos preceitos. Como distinguir o grande mandamento? Jesus não tem nenhuma hesitação em responder: "Amarás o Senhor teu Deus de todo o teu coração, de toda a tua alma, de todo o teu entendimento". E acrescenta: "Amarás ao teu próximo como a ti mesmo". Essa é a resposta de Jesus.

AMAR E SER AMADO

esus viveu sua própria vida pregando e fazendo aquilo que realmente é importante e é essencial, isto é, o amor. O amor dá impulso e fecundidade à vida e ao caminho de fé: sem ele, tanto a vida quanto a fé permanecem estéreis. De fato, nós fomos criados para amar e sermos amados. Deus, que é amor, nos criou para tornar-nos partícipes da sua vida, para sermos amados por Ele e para amá-lo, e para amar com Ele todas as outras pessoas. Esse é o sonho de Deus para os homens.

PARAÍSO: ABRAÇO COM DEUS

 paraíso não é um lugar de fábula nem mesmo um jardim encantado. O paraíso é o abraço com Deus, Amor infinito, e conseguimos entrar nele graças a Jesus, que morreu na cruz por nós. Onde há Jesus, há misericórdia e felicidade: sem Ele, há o frio e a escuridão.

ORAÇÃO DE CONTEMPLAÇÃO

anta Teresa aconselhava as suas religiosas: para chegar à oração de contemplação, a elevada oração que ela fazia, era preciso começar com a meditação da Paixão do Senhor. A cruz com Cristo. Cristo na cruz. Começar a pensar. E, assim, tentar entender com o coração que Ele "me amou e deu a si mesmo por mim", "deu a si mesmo até a morte por mim". Cristo crucificado é o centro da história, o centro da minha vida.

COMO O SENHOR TRANSFORMA NOSSOS CORAÇÕES

ermito-me aconselhá-los a pegar a Bíblia e ler o livro de Jonas: é minúsculo, são três páginas. Vocês verão como o Senhor age, como é a sua misericórdia, como Ele transforma nossos corações.

Os teimosos de alma, rígidos, não entendem o que é a misericórdia de Deus. São como Jonas: "Devemos pregar isso, estes devem ser punidos porque fizeram o mal e que vão para o inferno". Os rígidos não sabem abrir o coração como o Senhor. Os rígidos são covardes, têm um coração fechado, apegados à justiça pura e se esquecem de que a justiça de Deus se fez carne em seu Filho, se fez misericórdia, se fez perdão; que o coração de Deus está sempre aberto ao perdão.

IMAGENS DE DEUS

 igreja é uma mãe que não faz distinção e que ama cada homem como filho de Deus, sua imagem.

ANJO DA GUARDA 1

DEVE-SE RESPEITÁ-LOS PORQUE SEMPRE NOS ACONSELHAM

O anjo da guarda está sempre conosco. Tenha respeito pela sua presença! Escute a sua voz, porque ele nos aconselha.

Ele é um amigo que um dia estará conosco no Céu, na glória eterna. E quando nós, por exemplo, fazemos uma maldade e pensamos que estamos sós: "Não, ele está". Quando ouvimos aquela inspiração: "Mas faça isso… isso é melhor… isso não se deve fazer…". Escute! Não te rebeles contra ele!

ANJO DA GUARDA 2

NÃO EXPULSE SEU ANJO DA GUARDA

xpulsar o companheiro de caminho é perigoso, porque nenhum homem ou mulher pode aconselhar a si mesmo. Eu posso aconselhar os outros, mas não posso aconselhar a mim mesmo. O Espírito Santo me aconselha, o anjo da guarda me aconselha. Por isso precisamos dele. A doutrina sobre os anjos não é fantasiosa, é uma realidade. Deus disse: "Eu mando um anjo diante de ti para guardar-te, para te acompanhar no caminho, para que não erres".

ANJO DA GUARDA 3

OS ANJOS LUTAM CONTRA O DEMÔNIO

efendem o homem e defendem o Homem-Deus, o homem superior, Jesus Cristo, que é a perfeição da humanidade, o mais perfeito. Por isso, a igreja honra os anjos, porque eles estão na glória de Deus e defendem o grande mistério escondido de Deus, isto é, que o Verbo se fez carne.

ANJO DA GUARDA 4

PARA ESCUTAR O NOSSO ANJO, DEVEMOS SER DÓCEIS

O cristão deve ser dócil ao Espírito Santo e aos conselhos desse companheiro de caminhada.

Peçamos hoje ao Senhor a graça dessa docilidade, para escutar a voz desse companheiro, desse embaixador de Deus que está conosco em Seu nome, que nos sustenta com Sua ajuda.

ARCANJOS

Os três arcanjos têm um papel importante no nosso caminho rumo à salvação.

Miguel, ajude-nos na luta! Cada um sabe qual luta tem em sua vida hoje. Cada um de nós conhece a luta principal, que faz arriscar a salvação. Ajude-nos.

Gabriel, traga-nos notícias! Traga-nos a Boa Notícia da Salvação, que Jesus está conosco, que Jesus nos salvou, e nos dê esperança.

Rafael, segure a nossa mão e nos ajude no caminho para não errarmos a estrada, para não permanecermos parados. Que estejamos sempre caminhando, mas ajudados por ti.

CURA DOS REMORSOS

ão tenha medo dos remorsos da consciência: eles são um sintoma de salvação. Tenha medo de cobri-los, de maquiá-los. É uma bênção sentir que a consciência nos acusa, nos diz alguma coisa. Nenhum de nós é santo. Nós devemos — permitam-me a palavra — "batizar" a chaga que nos causa o remorso, isto é, dar-lhe um nome. Onde você tem a chaga? Antes de tudo, reze: "Senhor, tenha piedade de mim, que sou pecador". O Senhor escuta a sua oração. Depois, examine a sua vida. "Se eu não vejo como e onde está aquela dor, de onde vem, é um sintoma de quê?" Peça a alguém para ajudá-lo a tirar a chaga, para que a chaga saia, e depois dê-lhe um nome. Eu tenho esse remorso de consciência porque fiz isso, algo concreto. Essa é a verdadeira humildade diante de Deus, e Deus se comove diante da concretude.

ESTAR EM CONTATO COM QUEM SOFRE

exemplo de são Vicente de Paulo nos estimula a dar espaço e tempo aos pobres, aos novos pobres de hoje, a fazer nossos os seus pensamentos e seus desconfortos, pois um cristianismo sem contato com quem sofre se transforma em um cristianismo desencarnado, incapaz de tocar a carne de Cristo.

FAMILIARIDADE
COM O SENHOR

anta Teresa dizia que via o Senhor em todos os lugares. Era familiar vê-lo por todos os lados, mesmo entre as panelas na cozinha, era assim. Vamos dar um passo nessa atitude de familiaridade com o Senhor. Aquele cristão com problemas, que, ao andar de ônibus ou metrô, interiormente fala com o Senhor, ou, pelo menos, sabe que o Senhor o vê, está próximo Dele. Isso é familiaridade, é proximidade, é sentir-se parte da família de Jesus. Peçamos para todos nós essa graça de entender o que significa familiaridade com o Senhor.

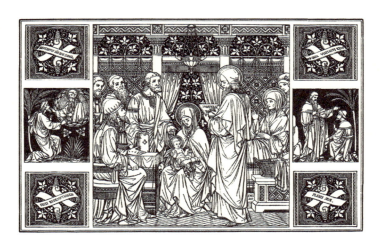

NO REINO DE DEUS
NÃO HÁ DESEMPREGADOS

esus comunica dois aspectos do Reino de Deus: o primeiro é que Deus quer chamar todos para trabalhar em seu Reino. O segundo é que, no final, quer dar a todos a mesma recompensa, ou seja, a salvação, a vida eterna. No Reino de Deus não há desempregados, todos são chamados a fazer a sua parte; e para todos, no final, haverá a recompensa que vem da justiça divina, não humana, para a nossa sorte: a salvação que Jesus Cristo nos deu com sua morte e ressurreição. Uma salvação não é merecida, mas doada, gratuita, e Jesus nos dá. Deus não exclui ninguém e quer que cada um alcance sua plenitude.

OLHAR COMO
O SENHOR NOS OLHA

mbora não tenhamos a coragem de levantar os olhos para o Senhor, Ele sempre nos olha primeiro. É nossa história pessoal. Assim como muitas pessoas, cada um de nós pode dizer: eu também sou um pecador em quem Jesus colocou o seu olhar. Deixemo-nos olhar pelo Senhor através da oração, da eucaristia, da confissão, de nossos irmãos, especialmente aqueles que se sentem desprezados e sozinhos. Aprendamos a olhar como Ele nos olha.

DEZ LIÇÕES AOS JOVENS

1. NÃO SE RENDA

nde Deus semeou você, espere. Não conceda espaço aos pensamentos negativos. Não se renda à noite. Lembre-se de que o inimigo a ser derrotado não está fora de você, mas dentro.

Este mundo é o primeiro milagre que Deus fez, e Ele colocou em nossas mãos as graças de novos prodígios. Fé e esperança caminham juntas.

2. CRISTO ESPERA CADA HOMEM ATÉ O FINAL

onfie em Deus Criador, no Espírito Santo que move tudo para o bem, para o abraço de Cristo que espera cada homem até o fim de sua existência. O mundo caminha graças ao olhar de tantos homens que abriram suas frestas, que construíram pontes, que sonharam e acreditaram, inclusive quando tiveram de escutar palavras de escárnio ao seu redor.

3. SUA LUTA NÃO É INÚTIL

ão pense nunca que a sua luta é inútil. No fim da existência não nos espera o naufrágio. Deus não decepciona: se Ele colocou a esperança em nossos corações, Ele não irá destruí-la com contínuas frustrações.

4. AME OS DEMAIS

me-os um a um. Respeite o caminho de todos, por mais linear ou caótico que seja, porque cada um tem sua própria história para contar. Cada criança que nasce é a promessa de uma vida que mais uma vez se mostra mais forte do que a morte. Cada amor que surge é um poder de transformação que deseja a felicidade.

5. DEFENDA A LUZ DE JESUS

esus nos confiou uma luz que brilha nas trevas: defenda-a, proteja-a. Essa luz única é a maior riqueza que foi confiada à sua vida. Sonhe com um mundo que ainda não se vê, mas que certamente chegará.

6. CUIDE DOS POBRES

ada injustiça contra um pobre é uma ferida aberta e diminui sua própria dignidade. A vida não cessa com sua existência, pois a este mundo chegarão outras gerações que sucederão a sua e muitas outras.

7. VENÇA O MEDO

eça a Deus o dom da coragem. Lembre-se de que Jesus venceu por nós o medo; nosso maior inimigo não pode fazer nada contra nossa fé. Quando se sentir assustado diante de qualquer dificuldade da vida, lembre-se de que você não vive somente por si mesmo. No batismo, sua vida foi imersa no mistério da Trindade e, por isso, pertence a Jesus.

8. LEMBRE-SE DE QUE JESUS VIVE EM VOCÊ

e um dia você se apavorar, ou pensar que o mal é muito grande para ser desafiado, pense simplesmente que Jesus vive em você.

9. NENHUM ERRO DEVE SE TORNAR PRISÃO

ada é mais humano do que cometer erros. Se errar, levante-se! Nenhum erro deve se tornar uma prisão para você.

10. SE ESTIVER NO CHÃO, LEVANTE-SE!

nde quer que esteja, construa! Se estiver no chão, levante-se! Se estiver sentado, coloque-se em caminho! Se o tédio o paralisa, realize obras de bem! Se estiver desmoralizado, peça que o Espírito Santo possa preencher o seu vazio.

O Filho de Deus não veio para os saudáveis, mas para os doentes. Portanto, veio também para você. E se errar novamente no futuro, não tenha medo, levante-se! Deus é seu amigo.

FÉ NOS OLHOS

ão é aperfeiçoando as armas da retórica que nos tornamos pregadores de Jesus. Você pode falar, falar, falar, mas se não tiver algo mais… Como, então, se tornar pregador de Jesus? Protegendo nos olhos o brilho da verdadeira felicidade. Vemos tantos cristãos, também entre nós, que transmitem a alegria da fé com os olhos.

O Senhor não quer homens e mulheres que caminham atrás Dele com má vontade, sem ter no coração o vento da alegria. Jesus quer pessoas que sabem que estar com Ele dá uma felicidade imensa, e que pode ser renovada todos os dias na vida.

LITURGIA

A liturgia está viva por causa da presença viva daquele que, morrendo, destruiu a morte e, ressuscitando, nos deu a vida.

Sem a presença real do mistério de Cristo, não existe nenhuma vitalidade litúrgica. Assim como não há vida sem o batimento cardíaco, da mesma forma, sem o coração pulsante de Cristo não existe ação litúrgica.

O que define a liturgia é a ação: através dos sinais sagrados de Jesus Cristo, através do sacerdote. Ou seja, a entrega da sua vida até estender os braços na cruz, com um sacerdócio constantemente presente através dos ritos e das orações, especialmente em seu corpo e sangue, mas também na pessoa do mesmo sacerdote, na proclamação da Palavra de Deus, na assembleia reunida em seu nome.

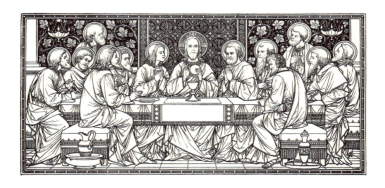

MISSA

ão convocados pequenos e grandes, ricos e pobres, crianças e idosos, saudáveis e doentes, justos e pecadores. À imagem da multidão imensa que celebra a liturgia no santuário do céu, a assembleia litúrgica supera, em Cristo, todo limite de idade, raça, língua e nação.

SOBRE A MISSA

e saímos da missa conversando, falando dos outros, com a língua comprida, significa que ela não entrou no nosso coração, porque não somos capazes de dar testemunho cristão. Através da eucaristia, o Senhor Jesus entra em nós, em nosso coração e em nossa carne, para que possamos exprimir na vida o sacramento recebido na fé. Não devemos nos esquecer que celebramos a eucaristia para aprendermos a ser homens e mulheres eucarísticos. O que isso significa?

Significa deixar Cristo agir em nossas ações, que seus pensamentos sejam nossos pensamentos, que seus sentimentos sejam nossos sentimentos, que suas escolhas sejam também nossas escolhas.

MARIA

aria é modelo de virtude e de fé. Ela é a primeira discípula. Levando Jesus, a Virgem também leva para nós uma alegria nova, nos dá uma nova capacidade de atravessar com fé os momentos mais dolorosos e difíceis; nos traz a capacidade de misericórdia para perdoar-nos, compreender-nos, apoiarmo-nos uns aos outros. Pedimos que ela nos proteja e nos sustente, que possamos ter uma fé forte, alegre e misericordiosa, que nos ajude a sermos santos, para que possamos, um dia, nos encontrarmos com ela no Paraíso.

SOMOS TODOS PECADORES

s pecadores são perdoados. E eles não ficam apenas psicologicamente aliviados por terem sido libertos da culpa. Jesus faz muito mais: oferece às pessoas que erraram a esperança de uma nova vida, uma vida marcada pelo amor.

Penso em tantos católicos que se acham perfeitos e, por isso, desprezam os outros. Isso é triste. Somos todos pobres pecadores, necessitados da misericórdia de Deus, que tem a força de nos transformar e nos dar esperança a cada dia. Às pessoas que entenderam essa verdade básica, Deus presenteia com a missão mais preciosa do mundo, ou seja, o amor pelos irmãos e irmãs, e o anúncio de uma misericórdia que Ele não nega a ninguém.

OLHAR COM O CORAÇÃO

esus abre os braços aos pecadores. Nos dias de hoje, muitos continuam levando uma vida errada porque não encontram ninguém disposto a olhá-lo de modo diferente, com os olhos, ou melhor, com o coração de Deus, ou seja, com esperança. Jesus vê uma possibilidade de ressurreição também em quem acumulou muitas escolhas erradas.

A Igreja não foi formada por homens irrepreensíveis, mas por pessoas que puderam experimentar o perdão de Deus. Pedro aprendeu mais sobre si mesmo quando percebeu, ao cantar do galo, que tinha renegado seu mestre, do que quando se mostrava superior aos demais com seus ímpetos de generosidade. Também Mateus, Zaqueu e a mulher samaritana, apesar de suas faltas, receberam do Senhor a esperança de uma vida nova a serviço do próximo.

PALAVRA DE DEUS

ransformados pela presença de Cristo e pelo ardor de Sua Palavra, seremos um sinal concreto do amor vivificante de Deus por todos os nossos irmãos, especialmente por quem sofre, por aqueles que se encontram na solidão e no abandono, pelos enfermos e pela multidão de homens e mulheres que, em diversas partes do mundo, são humilhados pela injustiça, pela prepotência e pela violência.

Que a nossa Mãe e Mãe de Deus nos ajude a entrar em sintonia com a Palavra de Deus, para que Cristo se torne luz e guia de nossas vidas.

CONFIEM NAS POSSIBILIDADES DO BEM

que significa dizer que se é cristão? Significa olhar para a luz e continuar a fazer a profissão de fé na luz mesmo quando o mundo está envolvido pela noite e pelas trevas.

Os cristãos não estão isentos das trevas, externas ou internas. Não vivem fora do mundo, porém, pela graça de Cristo recebida no batismo, são homens e mulheres "orientados": não creem na escuridão, mas na claridade do dia; não sucumbem à noite, mas esperam a aurora; não são derrotados pela morte, mas desejam ressurgir; não estão inclinados pelo mal, mas confiam sempre nas infinitas possibilidades do bem.

A LUZ

ós somos aqueles que creem que Deus é Pai: esta é a luz! Cremos que Jesus veio a nós, caminhou na nossa mesma vida, fazendo-se companheiro, sobretudo, dos mais pobres e frágeis. Esta é a luz! Cremos que todo afeto, toda amizade, todo bom desejo, todo amor, até mesmo os mais descuidados, um dia encontrarão sua realização em Deus: esta é a força que nos impulsiona a abraçar com entusiasmo nossa vida de todos os dias.

CORAÇÃO FÉRTIL

erguntemo-nos se o nosso coração está aberto para acolher com fé a semente da Palavra de Deus. Perguntemo-nos se em nós as pedras da preguiça são ainda numerosas e grandes.

Jesus propaga com paciência e generosidade a Sua Palavra, que não é uma gaiola ou uma emboscada, mas uma semente que pode dar frutos. Como? Se nós a acolhemos. Considerando que o nosso coração seja um terreno, se ele for bom, a Palavra será semeada e dará frutos; se não for, a semente não adentrará o solo, pois este será impermeável. Isso acontece quando ouvimos a Palavra, mas ela bate com força sobre nós e escorre como numa estrada pedregosa, onde o amor é inconstante e passageiro.

ELE PERDOA SEMPRE

Jesus veio para chamar os pecadores, não os justos. Isso me consola muito, pois penso que Jesus veio para mim porque somos todos pecadores; todos temos esse diploma. Cada um de nós sabe bem onde peca mais, onde está a sua fraqueza. Antes de tudo, temos de reconhecer isto: nenhum de nós que está aqui pode dizer "Não sou pecador". Os fariseus diziam assim e Jesus os condenava. Eram soberbos, vaidosos, se achavam superiores aos outros. Todos nós somos pecadores: é a nossa láurea e também a possibilidade de atrair Jesus a nós. Jesus vem até nós, vem até mim, porque somos pecadores. Nossa consolação e nossa confiança é que Ele perdoa sempre, cura nossa alma sempre. Sempre.

VIVER A ORAÇÃO

A oração faz-nos sentir amados, e permite-nos amar. Faz-nos avançar nos momentos escuros, porque acende a luz de Deus. Na Igreja, é a oração que nos sustenta a todos e nos faz superar as provações. Uma Igreja que ora é guardada pelo Senhor e caminha na companhia Dele. Orar é entregar a Deus o caminho, para que Ele o tome ao seu cuidado. A oração é a força que nos une e sustenta, o remédio contra o isolamento e a autossuficiência que levam à morte espiritual. Com efeito, o Espírito de vida não sopra, se não se reza; e, sem a oração, não se abrem as prisões interiores que nos mantêm prisioneiros. Como é urgente haver, na Igreja, mestres de oração, mas antes de tudo homens e mulheres de oração, que vivam a oração!

NÃO RESPONDA AO MAL COM O MAL

Quando Jesus envia os seus em missão coloca mais atenção no "despir-se" que no "vestir-se"! Um cristão que não seja humilde e pobre, desapegado das riquezas, do poder e, sobretudo, desapegado de si, não se assemelha a Jesus. O cristão percorre o seu caminho neste mundo com o essencial para o caminho, porém com o coração cheio de amor. A verdadeira derrota para essa pessoa é cair na tentação da vingança e da violência, respondendo ao mal com o mal. Jesus nos diz: "Eu vos envio como ovelhas em meio aos lobos" (Mt 10, 16). Portanto, sem facões, sem armas, sem garras. O cristão, ao contrário, deverá ser prudente, às vezes também astuto: essas são as virtudes aceitas pela lógica evangélica. Mas a violência nunca. Para derrotar o mal, não se pode compartilhar os métodos do mal.

POR QUE VOCÊ NÃO MUDA?

Cotidianamente, quando me confesso é sempre o mesmo. Quando acontece isso, pare e se pergunte: por que você não muda? Como fazer isso? Ninguém pode se curar sozinho. É preciso que alguém o ajude.

O primeiro a ajudar é o Senhor. Identifique a doença, o pecado, o defeito, a raiz. "Olha isso, Senhor, eu sempre caio no mesmo erro." Depois, procure alguém para ajudá-lo, uma boa alma que tenha esse carisma do acompanhamento, e não exclusivamente um sacerdote. O acompanhamento também é um carisma do leigo, porque surge do batismo. Depois, ler algo sobre o tema poderá ajudar. Devemos nos habituar a ler todos os dias uma passagem do Evangelho. Se você lê o Evangelho, imediatamente vem o desejo de dizer algo ao Senhor, de rezar, de ter uma conversa com Ele. Por fim, as obras de misericórdia.

DESPOJAMENTO

O ser cristão tem sempre essa dimensão do despojamento que encontra sua plenitude no despojamento de Jesus na cruz. Sempre há um "vai", um "deixa", para dar o primeiro passo: "Sai da tua terra, da tua família e da casa do teu pai". Se fizermos memória, veremos que nos Evangelhos a vocação dos discípulos é um "vai", um "deixa" e um "vem". O cristão não tem um horóscopo para ver o futuro; não procura a vidente que tem bola de cristal nem a cigana para que leia a sua mão. Não, não. Pessoas assim não sabem para onde vão. Precisam ser guiadas. Esta é a primeira dimensão de nossa vida cristã: o despojamento. Mas por quê? Para ir em direção a uma promessa, e essa é a segunda dimensão. Somos homens e mulheres que caminham para uma promessa, para um encontro, para algo, uma terra, que devemos receber como herança.

AMIZADE

o desenvolver nossas vidas em um âmbito urbano, entramos, cada dia, em contato com pessoas diferentes que frequentemente definimos como amigos, mas, na verdade, trata-se apenas de um modo de falar. Quando é Jesus quem a emprega, indica uma verdade incômoda: a verdadeira amizade só se dá quando o encontro me leva a me envolver na vida dos demais a ponto de entregar a mim mesmo. Jesus instaurou uma relação nova entre o homem e Deus, que supera a lei e que se fundamenta em um amor confiante. Jesus libera a amizade do sentimentalismo e a vincula a um empenho de responsabilidade que implica a própria vida. Somos amigos somente quando o encontro se torna o compartilhar de um mesmo destino, compaixão, envolvimento, que conduz à doação de si pelo outro.

PARA OUVIR A VOZ DE DEUS

eus se apaixonou pela nossa pequenez, e por isso ele nos escolheu. Ele escolhe os pequenos, não os grandes. Ele se revela aos pequenos. Se você quer entender algo do mistério de Jesus, abaixe-se: faça-se pequeno. Reconheça que você não é nada. Deus não só escolhe e se revela aos pequenos, mas também chama os pequenos: "Vinde a mim todos vós que estais cansados e sobrecarregados, e Eu vos aliviarei". Vós, que sois os menores — pelos sofrimentos, pelo cansaço. Ele escolhe os pequenos, revela-se aos pequenos e chama os pequenos.

Mas e os grandes, Ele não os chama? O Seu coração está aberto, mas os grandes não conseguem ouvir Sua voz porque eles estão cheios de si mesmos. Para ouvir a voz de Deus, é preciso se fazer pequeno.

O CRISTÃO CONFIA

s cristãos, no combate contra o mal, não se desesperam. O cristianismo cultiva uma incurável confiança: não crê que as forças negativas e que dividem possam prevalecer. A última palavra sobre a história do homem não é o ódio, não é a morte, não é a guerra. Em todo momento da vida nos assiste a mão de Deus e também a discreta presença de todos os crentes que "nos precederam com o sinal da fé". A existência deles nos diz, antes de tudo, que a vida cristã não é um ideal inatingível. E junto nos conforta: não estamos sozinhos. A Igreja é feita de inúmeros irmãos, muitas vezes anônimos, que nos precederam e que pela ação do Espírito Santo estão envolvidos nos eventos de quem ainda vive aqui embaixo.

MATRIMÔNIO: PARA SEMPRE

 batismo não é a única invocação dos santos que marca o caminho da vida cristã. Quando dois noivos consagram o seu amor no sacramento do matrimônio, é invocada de novo para eles — dessa vez como casal — a intercessão dos santos. E essa invocação é fonte de confiança para os dois jovens que partem para a "viagem" da vida conjugal. Quem ama verdadeiramente tem o desejo e a coragem de dizer "para sempre", mas sabe ter necessidade da graça de Cristo e da ajuda dos santos para poder viver a vida matrimonial até que a morte os separe. Não é, como alguns dizem, "até que o amor dure". Não! É para sempre. Do contrário, é melhor que não se case. Ou para sempre, ou nada. Por isso, na liturgia nupcial, se invoca a presença dos santos.

SOMOS PÓ QUE ASPIRA AO CÉU

E o que somos nós? Somos pó que aspira ao céu. Frágeis são as nossas forças, mas poderoso é o mistério da graça que está presente na vida dos cristãos. Somos fiéis a esta terra, que Jesus amou em cada instante da sua vida, mas sabemos e queremos esperar pela transfiguração do mundo, pela sua realização definitiva, onde finalmente não haverá mais lágrimas, maldades e sofrimento. Que o Senhor dê a todos nós a esperança de sermos santos. Mas alguém poderá perguntar: "Padre, é possível ser santo na vida de todos os dias?". Sim, é possível. "Isso significa que devemos rezar o dia inteiro?" Não. Significa que você deve fazer o seu dever todo dia: rezar, ir para o trabalho, cuidar dos filhos. É preciso fazer tudo com o coração aberto para Deus, de modo que o trabalho, mesmo na dificuldade, seja aberto a Ele.

ANJOS DE FACE HUMANA

os momentos difíceis, é preciso ter coragem de levantar os olhos para o céu, pensando em tantos cristãos que passaram pela tribulação e preservaram brancas suas vestes batismais, lavando-as no sangue do Cordeiro, como diz o livro de Apocalipse (cf. Ap 7, 14). Deus nunca nos abandona: toda vez que precisarmos de socorro, um anjo virá para nos levantar e infundir consolação. "Anjos" algumas vezes com uma face e um coração humanos, porque os santos de Deus estão sempre aqui, escondidos no meio de nós. Isso é difícil de entender e também de imaginar, mas os santos estão presentes na nossa vida. E quando alguém invoca um santo ou uma santa, é justamente porque está próximo a nós.

SOBRE REZAR O TERÇO

a oração do terço, nos dirigimos à Virgem Maria, para que nos conduza sempre mais perto do seu Filho, Jesus, para conhecê-lo e amá-lo sempre mais. Enquanto repetimos "Ave Maria", meditamos sobre as etapas da vida de Cristo e detemo-nos também na nossa vida porque caminhamos com o Senhor. Essa simples oração, na verdade, ajuda-nos a contemplar tudo o que Deus, em Seu amor, fez por nós e pela nossa salvação, e faz-nos perceber que nossa vida está unida à vida de Cristo. Rezando, nós levamos tudo a Deus: os cansaços, as feridas, os medos, mas também as alegrias, os dons, os entes queridos. Tudo a Deus. Rezando, nós permitimos a Deus entrar em nosso tempo, acolher e transfigurar tudo o que vivemos.

RECORDAR QUEM NOS AMA

ecorda-te: diz, hoje, a Palavra divina a cada um de nós. A partir da recordação das façanhas do Senhor, o caminho do povo no deserto ganhou força; é na recordação daquilo que o Senhor fez por nós que se fundamenta a nossa história pessoal de salvação. Recordar é essencial para a fé, assim como a água é para uma planta: da mesma forma como ela não pode permanecer viva e dar fruto sem água, também a fé não gera frutos se não bebermos na fonte da memória daquilo que o Senhor fez por nós.

A memória é importante porque nos permite permanecer no amor, nos permite recordar, ou seja, trazer ao coração, não nos esquecermos de quem nos ama e a quem somos chamados a amar.

DEUS AMA A TODOS

Pode ser que Deus tenha alguns filhos que não ame? Não. Todos somos filhos amados de Deus. Não há maldição alguma sobre nossa vida, somente uma benévola palavra de Deus, que deu sentido à nossa existência. A verdade de tudo é aquela relação de amor que liga o Pai com o Filho mediante o Espírito Santo, relação em que nós somos acolhidos pela graça. Nele, em Cristo Jesus, nós fomos queridos, amados e desejados. Há alguém que imprimiu em nós uma beleza primordial, que nenhum pecado, nenhuma escolha errada poderá jamais cancelar completamente. Nós somos sempre, diante dos olhos de Deus, pequenas fontes feitas para jorrar água boa.

AMOR CHAMA AMOR

Qual é o remédio para mudar o coração de uma pessoa que não é feliz? O amor. E como se faz uma pessoa sentir que alguém a ama? É preciso, antes de tudo, abraçá-la, fazê-la sentir que é desejada, que é importante, e que não será mais triste. Amor chama amor, de modo muito mais forte de quanto o ódio chama a morte. Jesus não morreu e ressuscitou por si mesmo, mas por nós, para que os nossos pecados fossem perdoados. É, portanto, tempo de ressurreição para todos: tempo de se elevar os pobres do desânimo, sobretudo aqueles que estão no sepulcro de um tempo muito maior do que três dias. Sopra aqui, sobre nossos rostos, um vento de libertação. Germina aqui o dom da esperança. E a esperança é aquela de Deus Pai, que nos ama como nós somos: nos ama sempre e a todos.

AMEMOS COM OBRAS

"Filhinhos, não amemos com palavras nem com a língua, mas com ações e em verdade" (1Jo 3,18). Essas palavras do apóstolo João exprimem um imperativo de que nenhum cristão pode prescindir. A importância do mandamento de Jesus, transmitido pelo "discípulo amado" até aos nossos dias, aparece ainda mais acentuada ao contrapor as palavras vazias que frequentemente se encontram na nossa boca, às obras concretas, as únicas capazes de medir verdadeiramente o que valemos. O amor não admite álibis: quem pretende amar como Jesus amou deve assumir o seu exemplo, sobretudo quando somos chamados a amar os pobres. Isso é possível se a graça de Deus, a sua caridade misericordiosa, for acolhida no nosso coração a ponto de mover nossa vontade e nossos afetos para o amor a Deus e ao próximo.

PRÁTICA DA PARTILHA

"Vendiam suas propriedades e bens, e dividiam-nos entre todos, segundo as necessidades de cada um" (At 2,45). Essa frase mostra, com clareza, como estava viva nos primeiros cristãos a preocupação com os mais necessitados. O evangelista Lucas — o autor sagrado que deu mais espaço à misericórdia — não está a fazer retórica, quando descreve a prática da partilha na primeira comunidade. Pelo contrário, com sua narração, pretende falar aos fiéis de todas as gerações — e, por conseguinte, também à nossa —, procurando sustentá-los no seu testemunho e incentivá-los à ação concreta a favor dos mais pobres.

CARIDADE:
UM ESTILO DE VIDA

esses dois mil anos, quantas páginas de história foram escritas por cristãos que serviram os seus irmãos mais pobres, animados pela caridade! Dentre todos, destaca-se Francisco de Assis, que foi seguido por tantos outros santos ao longo dos séculos. Ele não se contentou em abraçar e dar esmola aos leprosos, decidiu ir a Gúbio para estar junto com eles. Nesse encontro, identificou uma virada em sua conversão: "Quando estava nos meus pecados, parecia-me deveras insuportável ver os leprosos. E o próprio Senhor levou-me para o meio deles e usei de misericórdia para com eles. Ao afastar-me deles, aquilo que antes me parecia amargo converteu-se para mim em doçura da alma e do corpo" (Test 1-3: FF 110). Esse testemunho mostra a força transformadora da caridade e o estilo de vida dos cristãos.

CORAÇÃO HUMILDE

omos chamados a estender a mão aos pobres, a encontrá-los, olhá-los nos olhos, abraçá-los, para lhes fazer sentir o calor do amor que rompe o círculo da solidão. A sua mão estendida para nós é também um convite para sairmos das nossas certezas e comodidades e para reconhecermos o valor que a pobreza encerra em si mesma. Não nos esqueçamos de que, para os discípulos de Cristo, a pobreza é, antes de tudo, uma vocação a seguir Jesus pobre. É um caminhar atrás Dele e com Ele: um caminho que conduz à bem-aventurança do Reino dos céus (cf. Mt 5, 3; Lc 6, 20). Pobreza significa um coração humilde, que sabe acolher a sua condição de criatura limitada e pecadora, vencendo a tentação de onipotência que cria em nós a ilusão de ser imortal.

PAI-NOSSO:
A ORAÇÃO DOS POBRES

O Pai-Nosso é a oração dos pobres. O pedido do pão exprime o abandono a Deus nas necessidades primárias da nossa vida. Tudo o que Jesus nos ensinou com essa oração exprime e recolhe o grito de quem sofre pela precariedade da existência e a falta do necessário. Aos discípulos que Lhe pediam que lhes ensinasse a rezar, Jesus respondeu com as palavras dos pobres que se dirigem ao único Pai, em quem todos se reconhecem como irmãos. O Pai-Nosso é uma oração que se exprime no plural: o pão que se pede é "nosso", e isso implica partilha, coparticipação e responsabilidade comum. Nessa oração, todos reconhecemos a exigência de superar qualquer forma de egoísmo, para termos acesso à alegria do acolhimento recíproco.

SAL E LUZ

Isto é ser cristão: iluminar, ajudar para que a mensagem e as pessoas não se corrompam, como faz o sal. Se a luz se esconde, o sal se torna insípido, sem força, enfraquece — o testemunho será fraco. Isso ocorre quando eu não aceito a unção, não aceito o sigilo, não aceito a "antecipação" do Espírito que está em mim. E isso ocorre quando eu não aceito o "sim" em Jesus Cristo. Podemos nos perguntar: eu sou luz para os outros? Sou sal para os outros, que dá sabor à vida e a defende da corrupção? Peçamos essa graça de sermos agarrados, enraizados na plenitude das promessas em Cristo Jesus, que é "sim", totalmente "sim", e levar essa plenitude com o sal e a luz do nosso testemunho aos outros para dar glória ao Pai que está nos céus.

ORAÇÃO, PACIÊNCIA E ESPERANÇA

odos nós passamos por momentos difíceis, duros. Nós sabemos o que se sente num momento difícil, de dor, no momento das dificuldades. A atitude que nos salva nos momentos difíceis é esta: a oração, a paciência. Devemos ser pacientes com a própria dor e ter a esperança que Deus nos ouça e faça passar esses momentos difíceis. Nos momentos de tristeza, pouca ou muita, nos momentos de escuridão: oração, paciência e esperança. Não se esqueçam disso. Peçamos a graça de saber discernir o que acontece nos maus momentos de nossas vidas e saber como ir avante.

CORAÇÃO JOVEM

 Espírito Santo mantém jovem o coração. A juventude, apesar de todas as tentativas para a prolongar, mais cedo ou mais tarde, passa; o Espírito, por sua vez, é o único que impede o envelhecimento maléfico: o interior. Como? Renovando o coração, transformando-o de pecador em perdoado. Esta é a grande mudança: de culpados que éramos, faz-nos justos e assim tudo muda, porque, de escravos do pecado, tornamo-nos livres; de servos, filhos; de descartados, preciosos; de desanimados, esperançosos. Desse modo, o Espírito Santo faz renascer a alegria; assim, faz florescer no coração a paz.

ESPÍRITO SANTO, ACOMPANHE O MEU DIA

prendamos hoje o que devemos fazer quando precisamos de uma verdadeira mudança. E quem de nós não precisa? Sobretudo quando nos encontramos por terra, quando nos debatemos sob o peso da vida, quando as nossas fraquezas nos oprimem, quando avançar é difícil e amar parece impossível. Então, precisamos de uma fonte "reconstituinte": é Ele, a força de Deus. É Ele — como professamos no Credo — "que dá a vida". Como nos faria bem tomar diariamente esse reconstituinte de vida! Dizer, ao acordar: "Vinde, Espírito Santo, vinde ao meu coração, vinde acompanhar o meu dia!".

UM HIPÓCRITA
NÃO É UM CRISTÃO

m cristão não pode ser hipócrita e um hipócrita não pode ser cristão. Isso deve estar muito claro. O hipócrita é sempre um adulador. A linguagem da hipocrisia é a linguagem do engano. Extirpa a personalidade e a alma de uma pessoa. Mata as comunidades. O hipócrita é capaz de matar uma comunidade. Fala com docilidade, mas julga brutalmente as pessoas. O hipócrita é um homicida, pois utiliza a mesma linguagem do diabo para destruir as comunidades. Quando há hipócritas em uma comunidade, ela corre um grande perigo. Que seu modo de falar seja "sim, sim", "não, não". O supérfluo pertence ao maligno. Quando começarem com a adulação, devemos responder com a verdade.

RESPIRAR A
TERNURA DE DEUS

uem vive segundo o Espírito Santo permanece na tensão espiritual: encontra-se inclinado conjuntamente para Deus e para o mundo. Peçamos-Lhe que nos faça assim. Espírito Santo, rajada de vento de Deus, soprai sobre nós. Soprai nos nossos corações e fazei-nos respirar a ternura do Pai. Soprai sobre a Igreja e impeli-a até aos últimos confins, para que, levada por Vós, nada mais leve senão Vós. Soprai sobre o mundo o suave calor da paz e a fresca restauração da esperança. Vinde, Espírito Santo, mudai-nos por dentro e renovai a face da terra.

A IGREJA É FEMININA

Igreja é feminina. É mãe, dá à luz. Esposa e mãe. E nessa atitude de Maria, que é Mãe da Igreja, nesse comportamento, podemos entender essa dimensão feminina da Igreja que, quando não existe, perde a verdadeira identidade e se torna uma associação beneficente ou um time de futebol, ou qualquer outra coisa, mas não a Igreja. O importante é que a Igreja seja mulher, que tenha essa atitude de esposa e mãe. Quando nos esquecemos disso, é uma Igreja masculina, sem essa dimensão, e se torna tristemente uma Igreja de solteirões, que vivem no isolamento, incapazes de amor, incapazes de fecundidade. Sem a mulher, a Igreja não vai adiante, porque ela é mulher. Essa atitude de mulher vem de Maria, porque Jesus quis assim.

A LUZ É CRISTO

"Receba a luz de Cristo." Essas palavras recordam que a luz não somos nós, mas sim Cristo, o qual, ressuscitando dos mortos, venceu as trevas do mal. Somos chamados a receber o seu esplendor! Essa é, de fato, a vocação cristã: caminhar sempre como filhos da luz, perseverando na fé. A presença viva de Cristo, a ser protegida, defendida e dilatada em nós, é lâmpada que ilumina os nossos passos, luz que orienta as nossas escolhas, chama que aquece os corações a ir ao encontro do Senhor, tornando-nos capazes de ajudar quem caminha conosco, até a comunhão inseparável com Ele.

CAMINHO, VERDADE E VIDA

A missão da Igreja, destinada a todos os homens de boa vontade, funda-se sobre o poder transformador do Evangelho. Essa é uma boa-nova portadora de uma alegria contagiante, porque contém e oferece uma vida nova: a vida de Cristo ressurreto, o qual, comunicando o seu Espírito vivificador, torna-se, para nós, caminho, verdade e vida. É caminho que nos convida a segui-lo com confiança e coragem. E, seguindo Jesus como nosso caminho, conhecemos sua verdade e recebemos sua vida, que é plena comunhão com Deus Pai na força do Espírito Santo, liberta-nos de toda a forma de egoísmo e torna-se fonte de criatividade no amor.

TEMPO PARA A SALVAÇÃO

A missão da Igreja não é a propagação de uma ideologia religiosa, nem a proposta de uma ética sublime. Através da missão da Igreja, é Jesus Cristo que continua a evangelizar e agir; e, por isso, ela representa o kairós, o tempo propício da salvação na história. Por meio da proclamação do Evangelho, Jesus torna-se, sem cessar, nosso contemporâneo, consentindo à pessoa que o acolhe com fé e amor experimentar a força transformadora do seu Espírito de Ressuscitado que fecunda o ser humano e a criação, como faz a chuva com a terra. "A sua ressurreição não é algo do passado; contém uma força de vida que penetrou o mundo. Onde parecia que tudo morreu, voltam a aparecer por todo o lado os rebentos da ressurreição. É uma força sem igual" (Exort. ap. Evangelii gaudium, 276).

RECONCILIAÇÃO, FRATERNIDADE E PARTILHA

O mundo tem uma necessidade essencial do Evangelho de Jesus Cristo. Ele, através da Igreja, continua a sua missão de Bom Samaritano, curando as feridas sanguinolentas da humanidade, e a sua missão de Bom Pastor, buscando sem descanso quem se extraviou por veredas enviesadas e sem saída. Graças a Deus, não faltam experiências significativas que testemunham a força transformadora do Evangelho. O Evangelho ajuda a superar os fechamentos, os conflitos, o racismo, o tribalismo, promovendo por todo o lado a reconciliação, a fraternidade e a partilha entre todos.

IGREJA: INSTRUMENTO DE MEDIAÇÃO

A Igreja não é fim em si mesma, mas instrumento e mediação do Reino. Uma Igreja autorreferencial, que se compraza dos sucessos terrenos, não é a Igreja de Cristo, seu corpo crucificado e glorioso. Por isso mesmo, é preferível "uma Igreja acidentada, ferida e enlameada por ter saído pelas estradas, a uma Igreja enferma pelo fechamento e a comodidade de se agarrar às próprias seguranças".

A missão da Igreja encoraja a uma atitude de peregrinação contínua através dos vários desertos da vida, através das várias experiências de fome e sede de verdade e justiça. A missão da Igreja inspira uma experiência de exílio contínuo, para fazer sentir ao homem sedento de infinito a sua condição de exilado a caminho da pátria definitiva, pendente entre o "já" e o "ainda não" do Reino dos Céus.

UNIDADE NA DIFERENÇA

 Espírito Santo cria a diversidade e a unidade e, assim, molda um povo novo, diversificado e unido: a Igreja universal. Em primeiro lugar, com fantasia e imprevisibilidade, cria a diversidade; com efeito, em cada época, faz florescer carismas novos e variados. Depois, o mesmo Espírito realiza a unidade: liga, reúne, recompõe a harmonia. "Com a sua presença e ação, congrega na unidade espíritos que, entre si, são distintos e separados" (Cirilo de Alexandria, Comentário ao Evangelho de João, XI, 11). Dessa forma, temos a unidade verdadeira, a unidade segundo Deus, que não é uniformidade, mas unidade na diferença.

CASA ACOLHEDORA
E ABERTA

ossa oração ao Espírito Santo é pedir a graça de acolhermos a sua unidade, um olhar que, independentemente das preferências pessoais, abraça e ama a sua Igreja, a nossa Igreja. Precisamos pedir a graça de nos preocuparmos com a unidade entre todos, de anular as murmurações que semeiam cizânia e as invejas que envenenam, porque ser homens e mulheres de Igreja significa ser homens e mulheres de comunhão. Precisamos, também, pedir um coração que sinta a Igreja como nossa Mãe e nossa casa: a casa acolhedora e aberta, onde se partilha a alegria multiforme do Espírito Santo.

UNIDADE, AMOR E PERDÃO

Peçamos a graça de tornar o rosto da nossa Mãe Igreja cada vez mais belo, renovando-nos com o perdão e corrigindo-nos a nós mesmos. Só então poderemos corrigir os outros na caridade. Peçamos ao Espírito Santo, fogo de amor que arde na Igreja e dentro de nós, embora muitas vezes o cubramos com a cinza das nossas culpas: "Espírito de Deus, Senhor que estais no meu coração e no coração da Igreja, Vós que fazeis avançar a Igreja, moldando-a na diversidade, vinde! Precisamos de Vós, como de água, para viver. Continuai a descer sobre nós e ensinai-nos a unidade, renovai os nossos corações e ensinai-nos a amar como Vós nos amais, a perdoar como Vós nos perdoais".

IGREJA EM MOVIMENTO

Os discípulos de Jesus mantiveram-se dóceis ao Espírito Santo para fazer algo que fosse mais do que uma revolução.

A Igreja era uma Igreja em movimento, uma Igreja que ia além de si mesma. Não era um grupo fechado de eleitos, mas uma Igreja missionária. Na verdade, o equilíbrio da Igreja, por assim dizer, está precisamente na mobilidade, na fidelidade ao Espírito Santo. Alguns dizem que o equilíbrio da Igreja se assemelha ao equilíbrio da bicicleta: vai bem quando está em movimento; se você a deixa parada, cai.

CAMINHAR CONFIANTES

O Espírito Santo liberta os espíritos paralisados pelo medo. Vence as resistências. A quem se contenta com meias medidas, propõe ímpetos de doação. Dilata os corações mesquinhos. Impele ao serviço quem se deleixa na comodidade. Faz caminhar quem sente ter chegado. Faz sonhar quem sofre de tibieza. Essa é a mudança do coração. Muitos prometem estações de mudança, novos começos, mas a experiência ensina que nenhuma tentativa terrena de mudar as coisas satisfaz plenamente o coração do homem. A mudança do Espírito é diferente: não revoluciona a vida ao nosso redor, mas muda o nosso coração; não nos livra dos problemas de uma hora para outra, mas liberta-nos por dentro para os enfrentar; não nos dá tudo imediatamente, mas faz-nos caminhar confiantes, sem nos deixar jamais cansar da vida.

SEMEIE ESPERANÇA

O Espírito Santo não nos torna capazes só de esperar, mas também de sermos semeadores de esperança, de sermos também — como Ele e graças a Ele — "paráclitos", ou seja, consoladores e defensores dos irmãos, semeadores de esperança. Um cristão pode semear amargura, pode semear perplexidade, e isso não é cristão, e quem faz isso não é um bom cristão. Semeie esperança: semeie óleo de esperança, semeie perfume de esperança, e não vinagre de amargura e desesperança.

TIPOGRAFIA Garamond
DIAGRAMAÇÃO Osmane Garcia Filho
PAPEL Pólen Bold
IMPRESSÃO Geográfica, fevereiro de 2019

A marca FSC® é a garantia de que a madeira utilizada na fabricação do papel deste livro provém de florestas que foram gerenciadas de maneira ambientalmente correta, socialmente justa e economicamente viável, além de outras fontes de origem controlada.